《青少年校园足球活动指导书》编委会

顾　问　郭蔚蔚　高　翔

总主编　王崇喜　赵宗跃

编　委　(按姓氏笔画为序)

　　　　王建智（郑州大学）

　　　　王崇喜（黄河科技学院）

　　　　田　剑（河南大学）

　　　　左晓东（郑州大学）

　　　　吕　刚（郑州轻工业学院）

　　　　刘俊凯（河南省基础教育教研室）

　　　　陈　玉（郑州师范学院）

　　　　赵宗跃（河南大学）

　　　　赵超君（黄河科技学院）

青少年校园足球活动指导书　总主编／王崇喜　赵宗跃

青少年校园足球活动指导书
竞赛篇

主　编　赵宗跃　吕　刚

参编人员（按姓氏笔画为序）
吕　刚（郑州轻工业学院）
赵亚男（黄河科技学院）
赵宗跃（河南大学）
郁　郁（黄河科技学院）
耿　亮（郑州轻工业学院）
常　乐（河南一校一品指导中心）
韩　冬（河南师范大学）
翟军利（河南警察学院）

河南大学出版社
HENAN UNIVERSITY PRESS
·郑州·

图书在版编目(CIP)数据

青少年校园足球活动指导书.竞赛篇/赵宗跃,吕刚主编.—郑州:河南大学出版社,2017.12

(青少年校园足球活动指导书/王崇喜,赵宗跃总主编)

ISBN 978-7-5649-3120-9

Ⅰ.①青… Ⅱ.①赵…②吕… Ⅲ.①足球活动－中小学－教学参考资料 Ⅳ.①G634.963

中国版本图书馆 CIP 数据核字(2017)第 320401 号

责任编辑	郑　鑫	
	姚占伟	
责任校对	朱春华	
封面设计	郭　灿	

出版发行	河南大学出版社			
	地址:郑州市郑东新区商务外环中华大厦 2401 号　邮编:450046			
	电话:0371-86059701(营销部)　　　　网址:www.hupress.com			
排　　版	郑州市今日文教印制有限公司			
印　　刷	河南博雅彩印有限公司			
版　　次	2018 年 1 月第 1 版	印　次	2018 年 1 月第 1 次印刷	
开　　本	787mm×1092mm　1/16	印　张	10	
字　　数	168 千字	定　价	28.00 元	

(本书如有印装质量问题,请与河南大学出版社营销部联系调换)

序　言

　　习近平总书记指出：少年强、青年强则中国强。少年强、青年强是多方面的，既包括思想品德、学习成绩、创新能力、动手能力，也包括身体健康、体魄强壮、体育精神。既把学习搞得好好的，又把身体搞得棒棒的，做到德智体美全面发展，将来成为祖国建设的栋梁之材。强化学校体育是全面推进素质教育、促进学生身心健康全面发展的重要途径，对于促进教育现代化、建设健康中国和人力资源强国、实现中华民族伟大复兴的中国梦具有重要意义。发展青少年校园足球活动作为落实立德树人的根本任务、培育和践行社会主义核心价值观的重要举措和推进素质教育、引领学校体育改革创新的重要突破口，对推动学校体育发展、促进学生全面健康成长、培养德智体美全面发展的社会主义建设者和接班人具有重要的意义。习近平总书记指出：足球运动的真谛不仅在于竞技，更在于增强人民体质，培养人们爱国主义、集体主义、顽强拼搏的精神。我们在推进校园足球的工作中，要充分发挥足球的育人功能，遵循人才培养和足球运动的发展规律，理顺管理体制，完善激励机制，优化发展环境，大力普及足球运动，培育健康足球文化，弘扬阳光向上的体育精神，促进青少年身心健康、体魄强健、全面发展，为提升人口素质，推动足球事业发展、振奋民族精神提供有力支撑。当前校园足球活动蓬勃发展，体制机制不断完善，发展模式不断创新，发展规模不断扩大，社会各界对学校体育在思想观念和认识上有了巨大的转变，目前全国已经建成了2万多所校园足球特色学校。

　　河南省开展校园足球活动遵循育人为本、重在普及、广泛动员、人人参与、夯实基础、稳步提高的指导思想，青少年参与足球活动的积极性不断增强，足球人口数量不断增加，当前国家级校园足球特色学校已经达到1575所，校园足球活动得到社会的广泛支持与认可。但校园足球的发展还很不平衡，存在着普及面不广、足球课教学质量有待提高、足球训练水平较低、保障能力不足、缺少高质量的技术支持

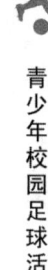

等问题。鉴于这种情况,为了保证我省校园足球活动的持续健康发展,必须进一步健全校园足球管理制度,提高管理人员和足球教师的整体素质,为校园足球工作提供有力的技术保障。为此河南省校园足球工作领导小组办公室组织编撰《青少年校园足球活动指导书》,整套书由教学篇、训练篇、竞赛篇、游戏篇4册组成,以便为校园足球教学、训练、竞赛水平的稳步提高提供有力的技术保障。编写组由在教学、训练、竞赛等方面具有丰富经验的科研人员和大、中、小学足球教师组成,参与编写的同志们本着对学校体育事业的忠诚,努力探索校园足球工作的规律,克服诸多困难,编写力求体现指导性、实用性和创新性,经过不懈的努力,终于完成此套丛书的编写。在此,对他们这种求真务实的精神表示致敬,并祝愿校园足球工作取得更大成绩。

2017 年 10 月

前　言

青少年校园足球活动逐步成为中国青少年体育工作和足球事业中的重要内容。2016年,国务院办公厅印发的《关于强化学校体育促进学生身心健康全面发展的意见》特别强调:"完善竞赛体系,建设常态化的校园体育竞赛机制,广泛开展班级、年级体育比赛,学校每年至少举办一次综合性运动会或体育节,通过丰富多彩的校园体育竞赛,吸引广大学生积极参加体育锻炼。"该文件还要求制定学校体育课余训练与竞赛管理办法,完善和规范学生体育竞赛体制,构建县、市、省、国家四级竞赛体系。

竞赛活动是推进校园足球活动的重要组成部分。足球竞赛活动不只是为了提高竞技水平,更是体育育人的必由之路,是一种重要的教育手段,是养成健康生活方式和健全人格的有效载体。通过开展足球竞赛活动,可以激发青少年参与体育锻炼的内生动力,实现体育在立德树人这一根本任务中所发挥的基础性作用。"如果没有竞赛,很难想象什么样的活动能让孩子遵守规则;什么样的活动能让孩子意识到必须依靠队友;什么样的活动能让孩子学会不管对手如何挑衅,都必须尊重对手;什么样的活动能让孩子在失败时痛哭,继而进一步奋进;什么样的活动能让孩子在成功时欢呼雀跃,但又明白下一次要想胜利还需更加刻苦努力。"把竞赛真正扎扎实实地开展起来,可以促进青少年学生身体素质和心理素质的全面健康发展,促进足球文化的传播,丰富校园文化生活,让青少年学生在参与竞赛活动中人格情操得到陶冶。

随着人们对校园足球竞赛活动认识的进一步加深,各种形式的校园足球竞赛活动蓬勃开展,在组织形式、组织规模、组织制度等方面有了很大的提高;构建了包括校内竞赛、校际联赛、区域选拔在内的青少年校园足球竞赛体系,建成了纵向贯通、横向衔接和规范有序的高校、高中、初中、小学四级联赛机制,完善了校园足球

竞赛体系,逐步形成了"校校参与、层层选拔、全国联赛"的校园足球竞赛活动的格局。但是,随着校园足球竞赛活动的开展,一些影响校园足球发展的问题,如基层学校足球专业师资不足、教师对足球规则理解不准、裁判能力不足、比赛组织能力欠缺、比赛管理水平不当等也表现了出来。为此,我们特组织编撰了《青少年校园足球活动指导书——竞赛篇》。本书力求为广大教师提供在组织足球竞赛活动中所需要的知识。本书主要介绍了足球竞赛规则、足球竞赛的组织方法以及足球裁判法,力求使校园足球特色学校的足球指导教师通过学习能熟悉足球比赛的规则,能够担任足球裁判工作、了解足球比赛的组织方法、学会编排足球比赛规程、组织校内班级足球比赛活动等,以便为校园足球竞赛活动的开展提供帮助。

本书由赵宗跃(河南大学)和吕刚(郑州轻工业学院)担任主编。第一章由赵宗跃、韩冬(河南师范大学)编写,第二章由耿亮(郑州轻工业学院)、赵亚男(黄河科技学院)编写,第三章由吕刚、耿亮编写,第四章由翟军利(河南警察学院)、郁郁(黄河科技学院)编写,第五章由吕刚、常乐(河南一校一品指导中心)编写,全书最后由赵宗跃统稿。丁勇(新乡学院)、袁野(郑州市管城区实验小学)为本书提供了裁判员照片。本书编写过程中,得到了河南大学、河南师范大学、郑州轻工业学院、河南警察学院、黄河科技学院的大力支持,文中引用了中国足球协会审定的《足球竞赛规则》《室内五人制足球竞赛规则》等内容,在此一并表示感谢。

编者

2017年9月

目 录

第一章　校园足球竞赛工作 …………………………………………………（1）
- 第一节　校园足球竞赛的意义与任务 ……………………………………（1）
- 第二节　校园足球竞赛制度与编排 ………………………………………（7）
- 第三节　校园足球竞赛的组织工作 ………………………………………（16）
- 第四节　校内班级足球比赛活动的组织 …………………………………（28）
- 第五节　足球比赛的礼仪 …………………………………………………（29）

第二章　足球竞赛规则分析 …………………………………………………（37）
- 第一节　比赛场地与比赛用球 ……………………………………………（37）
- 第二节　队员与队员装备 …………………………………………………（39）
- 第三节　裁判员与其他比赛官员的职责 …………………………………（41）
- 第四节　比赛开始与比赛结束 ……………………………………………（42）
- 第五节　越位与越位判罚 …………………………………………………（43）
- 第六节　犯规与不正当行为 ………………………………………………（46）
- 第七节　任意球 ……………………………………………………………（49）
- 第八节　罚球点球、球门球、角球、界外球 ……………………………（50）
- 第九节　罚球点球决胜负 …………………………………………………（53）

第三章　足球裁判工作方法 …………………………………………………（54）
- 第一节　裁判员的职业道德 ………………………………………………（54）
- 第二节　裁判员临场工作方法 ……………………………………………（60）
- 第三节　裁判员的哨声和手势 ……………………………………………（72）
- 第四节　助理裁判员的旗示 ………………………………………………（75）
- 第五节　裁判员与助理裁判员的跑位和选位 ……………………………（78）

　　第六节　裁判长的工作内容……………………………………（ 86 ）
　　第七节　足球比赛监督及其他…………………………………（ 90 ）
第四章　五人制足球竞赛……………………………………………（ 94 ）
　　第一节　五人制足球竞赛规则分析……………………………（ 94 ）
　　第二节　五人制足球竞赛裁判法介绍…………………………（115）
第五章　校园足球节的组织与实施…………………………………（144）
　　第一节　校园足球节的意义与任务……………………………（144）
　　第二节　校园足球节的组织与实施……………………………（145）

第一章　校园足球竞赛工作

本章提要：校园足球竞赛活动是达到足球运动教育功能的重要方法和手段。通过本章的学习，了解开展校园足球竞赛活动的意义和任务、组织足球比赛的基本赛制、足球比赛的组织工作方法以及足球比赛中的基本礼仪。

第一节　校园足球竞赛的意义与任务

增强体质和培育体育精神是学校体育之要义。2009 年,为了更好地在青少年学生中开展足球活动,提高中国足球运动水平,国家体育总局和教育部联合成立了全国青少年校园足球工作领导小组,正式启动了校园足球活动。经过努力,全国青少年校园足球活动从无到有,从小到大,取得了长足的发展,逐步成为中国青少年体育工作和足球事业中的重要内容。2012 年,举办了全国青少年校园足球冠军杯赛,建立了全国校园足球竞赛注册系统。2013 年 10 月,启动了校园足球布局城市高中、大学联赛,全年共完成比赛 10 万余场,使上百万中小学生、大学生参加了足球竞赛活动,初步构建了小学、初中、高中、大学四级联赛竞赛体系。

2014 年 11 月 26 日,校园足球工作电视电话会议在北京召开。随后,教育部、国家发改委、财政部、新闻出版广电总局、体育总局、共青团中央等 6 部委联合印发了《教育部等 6 部门关于加快发展青少年校园足球的实施意见》的文件。此后,校园足球活动进入了新的阶段:从 2015 年开始遴选校园足球特色学校,规划到 2020

年建设2万所校园足球特色学校,到2025年建设5万所校园足球特色学校,以提高校园足球的普及水平、扩大足球人口。

为了更好地强化体育的教育功能,2016年国务院办公厅印发的《关于强化学校体育促进学生身心健康全面发展的意见》特别强调:体育竞赛是最好的激发学生参与体育锻炼的内生动力渠道。文件还指出:"学校体育要通过竞赛来实现教育的功能,参与竞赛最重要的就是培养爱国主义精神、团队合作精神和拼搏精神。"体育竞赛如果常态化、系统化地开展起来,让青少年把注意力从虚拟世界里的排名转化为在赛场上的排名,就会成为激发他们积极参与体育锻炼的一种方式。而要参与竞赛,首先得把技能掌握好。学生只有在参与体育运动和体育竞赛的活动中才有可能磨炼出坚强的意志品质,才有可能达到体育运动的教育目的。

随着人们对校园足球竞赛活动认识的不断深化,各种形式的足球比赛应运而生,有"校长杯"足球赛、"区长杯"足球赛、"县长杯"足球赛、"市长杯"足球赛,有小学组比赛、初中组比赛、高中组比赛、大学组比赛。校园足球比赛从组织形式、组织规模、组织制度等方面都有了很大的提高。各地各校广泛开展了多样化的足球竞赛活动,逐步形成了"校校参与、层层选拔、全国联赛"的足球竞赛格局。校园足球竞赛体系正在逐步完善。校园足球竞赛已经成为推进校园足球活动的重要组成部分。

一、校园足球竞赛活动的意义

(一)推进学校体育的改革

校园足球活动是学校体育工作的一个重要组成部分,开展校园足球活动是推进学校体育改革的突破口。足球运动作为体育运动的重要项目之一,在全世界影响力最大,普及程度最高,又是集体性项目,具有参与人数多、场地简单、易普及的特点;它的育人的功能更具有代表性。因此,足球运动在体育运动中有着不可替代的作用。开展校园足球竞赛活动,让更多的学生参与到足球比赛活动中,了解足球、喜欢足球、学习足球、掌握足球技能,将改变同学们在十多年的学校体育活动中连一个运动项目都不会的现状。

（二）促进足球运动的普及

新形势下发展青少年校园足球工作，事关我国体育事业发展的全局性、战略性、长远性，体现了持续发展的战略思想，反映了群众的殷切期望，是教育系统立德树人的使命所在。开展校园足球竞赛活动，要从娃娃抓起，从基层抓起，从群众性参与抓起，是推动青少年校园足球工作深入开展的重要措施，从而让广大青少年学生通过参加足球比赛、观看足球比赛、了解足球比赛，进而促进足球运动在中国的普及，达到发挥人口资源优势、提高足球人口数量、提高足球运动的普及率、夯实未来中国足球崛起的青少年基础的目的。

（三）足球运动的育人功能得到体现

开展校园足球比赛活动，达到育人的功能是校园足球活动的重要目的。校园足球比赛中两个球队的对抗，能够培养学生的拼搏精神、抗挫折能力，磨炼孩子们的意志品质。校园足球比赛场上瞬息万变的比赛情景，能够培养学生的预判能力、创造能力和决策能力。校园足球比赛中技战术的运用，能够培养学生的团队合作能力、交流沟通能力和责任心。通过了解足球比赛活动的规定和规则要求，培养学生自身的文明举止、仪态礼仪的良好行为习惯。

（四）全面提高学生的身体素质

校园足球竞赛活动给学生带来的是快乐和健康、兴趣和爱好。校园足球竞赛活动的开展，能够强健学生的体魄、提高学生的身体素质。足球比赛场地大，比赛时间长，对抗性强，技战术多，变化复杂。足球比赛活动能使学生跑动距离增加，心肺功能得到提高，能使学生的速度素质、耐力素质、力量素质、协调素质等得到提高。

（五）学习掌握足球技能

依托校园足球活动的开展，举行足球竞赛活动，可以帮助学生掌握足球技能，促进足球技术在比赛中的运用。在我国，从小学到大学二年级的学校教育阶段，体育课都是必修课，然而，很多学生直至大学毕业都未能掌握一项运动技能。校园足

球特色学校中开展的足球活动,给学生参加各种层次的足球比赛提供了机会,尤其是校内班级间足球比赛活动,使学生接受专门的足球学习,实现掌握足球运动的基本技能。通过参加校园足球竞赛活动,学生不只是掌握零碎的踢球、运球、停球等单个技术,而是真正学会足球运动这个项目的比赛规则。

(六)塑造学生的品质,健全人格

足球运动是一个集体性的同场对抗项目。在足球比赛中,拼搏精神,团队意识,遵守规则、服从裁判的意识、爱护同伴、尊重对手、挑战自我以及胜不骄、败不馁、抗挫折的能力等优良品质都可以通过足球比赛得到培养。开展校园足球比赛活动,凸显足球运动的教育功能,能为塑造学生的品质、培养学生健全的人格奠定基础。

(七)为中国竞技足球发现优秀的后备人才

习近平总书记在第十三届全国运动会开幕之际,发表了重要讲话。习总书记指出:体育承载着国家强盛、民族振兴的梦想;把建设体育强国作为实现中华民族伟大复兴的中国梦,实现国家富强、民族振兴的一个重要标志;要提高中国体育的竞技水平,实现竞技水平大的飞跃,青少年后备人才的选拔与训练至关重要。推广校园足球活动,构建校园足球的校内竞赛、校际联赛以及选拔性竞赛,一方面是为了进一步带动、推广和普及校园足球,另一方面也是为了提高中国足球竞技水平,为了培养和输送一批又一批的素质全面、球技精湛、学习成绩优秀的中国足球后备人才。

二、校园足球竞赛活动的任务

《教育部等6部门关于加快发展青少年校园足球的实施意见》要求各地开展丰富多样的足球赛事:各地各校要广泛开展多样化的足球竞赛活动,形成"校校参与、层层选拔、全国联赛"的足球竞赛格局;要组织小学低年级学生参加趣味性足球活动;从小学三年级以上到初、高中学校,要组织班级、年级联赛,开展校际邀请赛、对抗赛等竞赛交流活动;高等学校组织开展院系学生足球联赛和校际足球交流活动等。同时,该文件还鼓励学校参加社会组织举办的足球赛事和公益活动,加强与国际组织和专业机构的交流合作,组织或参与国际青少年足球赛事活动。

(一) 完善校园足球的四级联赛体系

要形成稳定规范的赛制。要规范竞赛管理,构建包括校内竞赛、校际联赛、区域选拔在内的青少年校园足球竞赛体系,建成纵向贯通、横向衔接和规范有序的高校、高中、初中、小学四级青少年校园足球联赛机制。

要实行赛事分级管理,建立县级、地市级、省级和国家级青少年校园足球竞赛制度。从 2015 年起,各地教育部门已经按照全国青少年校园足球竞赛方案,依托行业组织、专业机构或社团等分级组织实施了本地竞赛活动,相继组织了"校长杯""区长杯""市长杯""省长杯"校园足球比赛。我国已经构建了"四横四纵"立体化竞赛体系,即小学、初中、高中、大学四个层面和校内比赛、校际间比赛、区域间比赛、国际交流比赛等四个不同级别的赛事体系。

(二) 培育校园足球活动的文化氛围

足球文化是在足球运动漫长发展的历史过程中逐渐形成的在某一地域被人们认可的物质文明和精神文明的总和。把足球融入文化并从文化中汲取营养和力量,这是很多国家足球成功的经验。各国文化、政治、经济的差异导致其足球文化的不同:英国足球的保守和激进、巴西足球的激情和浪漫、德国足球的热血和坚韧……它们显示了各自的足球文化特点。足球总能折射出一个国家或民族的文化底蕴。

培育校园足球活动的文化氛围必须维护公正严明的赛纪。要完善竞赛监督制度,使足球成为青少年学生体验、适应社会规则和道德规范的有效途径。要提倡公平竞赛、安全竞赛、文明竞赛,完善裁判员公正执法、教练员和运动员严守赛风赛纪的约束机制。要规范青少年观赛行为,引导他们遵纪守法、文明观赛,从而逐步形成青少年校园足球竞赛的良好风气。

通过组织足球比赛活动,构建校园足球文化。可以组织志愿小队、足球啦啦队、足球小记者队、足球礼仪队、比赛后勤服务队,壮大裁判员队伍等,让更多的学生参与其中,了解更多的足球知识。可以评选最佳阵容、最佳射手、最佳球员等活动,让学生体会拼搏精神带来的荣誉。

（三）完善竞赛组织机构，制定竞赛制度

竞赛管理的组织机构是否合理、组织管理模式是否有效直接决定着青少年校园足球竞赛活动能否有序和顺利地开展。足球发展先进国家的学校足球竞赛体系的成功经验告诉我们，以教育部门为主导的学校足球竞赛活动是有效的。学校足球竞赛活动参与的主体——学生存在于学校之中，教育部门要主动承担起学校足球竞赛工作的组织、领导、任务，但教育部门又缺乏体育部门的足球专业人员的资源优势。因而我们在青少年校园足球活动中，只有形成以教育部门为主、体育部门为辅的管理体制及运行机制，才能保障青少年校园足球竞赛的健康发展，保障有关联赛任务、指令和文件的具体贯彻落实，从而充分调动教育部门和体育部门各个层次的积极性，最终形成上通下达、高效运作的组织机构网络体系。

校园足球竞赛体系的正常运行需要各项规章和制度来保证。我们在构建青少年校园足球竞赛体系中，需要制定一整套系统的、完善的、科学的竞赛规章制度，这项制度应包括竞赛活动开展的监督和检查制度、竞赛注册制度、鼓励运动员学习制度、体育特长生制度、转学生的参赛规定等。我们在构建青少年校园足球竞赛体系中，还应在学生运动员参赛资格和赛事分级等方面进行大胆的制度创新，并针对校园足球竞赛的管理者、教练员、裁判员和学生运动员制定相应的激励制度。

（四）为足球后备人才的成长拓宽通道

通过竞赛发现有天赋的足球苗子，通过竞赛了解运动员的能力和水平，为他们开辟上升通道，这是足球发展先进国家的成功经验之一。"竞赛是训练最好的指导教师。"这是很多年来足球训练实践经验的高度概括。"没有足球竞赛就没有足球发展，更没有足球提高。"竞赛能够对训练效果进行检验，并能够使队员交流经验，从而发展和提高运动水平。对竞赛中涌现出来的有足球天赋的孩子，教育主管部门要给他们提供适宜的发展空间。"在国家招生考试入学制度改革的总体框架内，探索中小学招生相互衔接的招生模式，形成相应的招生及足球运动员合理流动政策，允许足球特长生在升学录取时合理流动，畅通校园足球学生运动员进入上一级学校、各类优秀运动队、有关足球职业俱乐部的通道，建立和完善教育、体育和社会相互衔接的人才输送渠道。"因此，足球竞赛活动是足球运动员选拔、培养的重要手

段和途径。

第二节 校园足球竞赛制度与编排

足球竞赛制度是对足球竞赛活动实行统一规划管理的规定。校园足球竞赛制度将各级竞赛分为校内的班级比赛、校际之间的比赛、区域代表队之间的比赛或选拔性比赛等,并对各级各类竞赛作出了明确规定。

组织足球比赛,要根据比赛的时间、参赛队的数量以及场地情况等因素来确定,一般可采用循环制、淘汰制、混合制等办法。

一、循环制比赛

循环制比赛一般可分为单循环制比赛、双循环制比赛和分组循环比赛三种比赛方式。

单循环制比赛就是所有的参赛队在比赛中都要相遇一次,最后按照各队在单循环赛中的全部成绩来排定名次。

双循环制比赛就是所有的参赛队在比赛中都要相遇两次,也就是进行两次单循环比赛,最后按各队在双循环赛中全部的比赛成绩排定名次。一般来说,主客场比赛多采用双循环制比赛的方法。

分组循环比赛就是将参赛队分成若干小组,各组进行单循环比赛,排出小组名次后,再按竞赛规程规定的方法进行第二阶段的比赛,最后来排定名次。

循环制比赛的优点是:参加各队相遇机会多,有利于互相学习,有利于共同提高技术水平。由于各队比赛总场数相对多,因此名次的排定较客观,较能反映各队真实的技战术水平。当参赛的队数较多而又受到时间限制时,可采用分组循环的方式进行比赛;参赛队数不多而时间又允许时,则可采用双循环制比赛或单循环制比赛的方法进行比赛。

(一) 单循环制比赛

单循环制比赛场数的计算公式为:

$$X = N \times (N-1)/2 \text{ (X 表示比赛总场数，N 表示队数)}$$

比如 6 个队参加比赛，则比赛总数 = $6 \times (6-1)/2 = 15$（场）

单循环制比赛轮数有两种情况：参加比赛的队是单数，则比赛轮数等于比赛的队数；参加比赛的队是双数，则比赛轮数等于比赛的队数减"1"。比如，参赛队数为 5 支队伍，比赛轮数为 5 轮；参赛队数为 6 支队伍，比赛轮数为 5 轮（见表 1-2-1）。

表 1-2-1　六支球队单循环比赛轮次表

第一轮	第二轮	第三轮	第四轮	第五轮
1—6	1—5	1—4	1—3	1—2
2—5	6—4	5—3	4—2	3—6
3—4	2—3	6—2	5—6	4—5

比赛轮次表的编排。不论参加比赛的队数是单数还是双数，一律按双数队编排。如果是单数，可以加一个"0"号，使之成为双数，碰到"0"的队就轮空一次。编排时，先以号数代表队数，将其平均分为两半，前一半号数由 1 号起自上而下写在左边，后一半号数自下而上写在右边，然后再把相对的号数用横线接连起来，这就是第一轮的比赛编排方法。

轮转的方法一般有逆时针和顺时针两种。参赛队为双数时，轮转方法是 1 号位置固定不动，其他位置每轮按逆时针方向轮转一个位置，这样可排出各轮的比赛顺序。参赛队为单数时，可用"0"代表轮空，补成双数。但"0"号位置固定不变，其他位置每轮按顺时针方向轮转一个位置（见表 1-2-2）。

表 1-2-2　五支球队单循环比赛轮次表

第一轮	第二轮	第三轮	第四轮	第五轮
1—0	2—0	3—0	4—0	5—0
2—5	3—1	4—2	5—3	1—4
3—4	4—5	5—1	1—2	2—3

注意事项：在安排双数队单循环比赛日程表时，由于 1 号位置是固定不动的，如果比赛有主客队或其他要求，可以隔一轮比赛将 1 号位置所代表的参赛队的

前后位置对调一下,以示公平(见表1-2-3)。

表1-2-3 六支球队单循环比赛轮次表

第一轮	第二轮	第三轮	第四轮	第五轮
1—6	5—1	1—4	3—1	1—2
2—5	6—4	5—3	4—2	3—6
3—4	2—3	6—2	5—6	4—5

轮次安排出来之后,召集各队抽签,将各队队名按抽到的号数填到轮次表中,而后编排出比赛日程表。

在编排比赛日程表时,应当考虑场地环境条件、比赛时间安排、休息时间间隔长短等情况的平等性。

(二)双循环制比赛

双循环制比赛最显著的特点就是增加了各参赛队之间的比赛机会,使足球比赛胜负的偶然性大大减少,比赛名次的排定更合理、客观。

双循环制比赛可分为赛会制比赛和主客场制比赛两种组织形式。

(1)赛会制双循环比赛:该项比赛是指各参赛队集中到某一赛区,在一定时间内进行双循环比赛,它适合在参赛队数较少且时间和经费又允许的情况下实行。

(2)主客场制双循环比赛:该项比赛是指各参赛队在进行双循环比赛时,需要分别与所有对手在本队所选场地和对手所选场地各赛一场,最后以各队全部比赛成绩排定名次。

双循环制比赛的编排与单循环制比赛的编排方法相同,比赛成绩记录方式也一样,只是比赛场数增加了一倍。

(三)分组循环比赛

分组循环比赛的优点在于:它既保留了循环制比赛中各队相遇机会较多的优点,又可缩短比赛时间。但因其只能确定出各队分组赛中的名次,所以一般在非单循环复合比赛及混合制比赛中采用。

分组循环赛时,为使分组比较合理,能反映出比赛的实际水平,一般采用种子队或蛇形排列分组办法。如有同一单位两队以上参加,则应分别排进各组。

（四）循环制比赛的计分方法及名次确定

循环制比赛的计分方法必须在竞赛规程中明确规定，一般来说可以依次采用以下方式确定计分方法和最终名次。

（1）每队胜一场得3分，平一场得1分，负一场得0分。以全部比赛积分的多少决定名次，积分多者名次列前。

（2）如全部比赛结束时两队或两队以上积分相等，依下列顺序决定名次：

① 积分相等队之间相互比赛的积分多者名次列前。

② 积分相等队之间相互比赛净胜球多者名次列前。

③ 积分相等队之间相互比赛进球总和多者名次列前。

④ 整个循环赛中净胜球多者名次列前。

⑤ 整个循环赛中进球总和多者名次列前。

⑥ 如仍无法区别名次，则抽签决定名次。

在目前的校园足球比赛活动中，如果比赛规程中要求每场比赛必须决出胜负，可以在打平后踢点球决出胜负，也可以采用这样的计分方式决定胜负：每队胜一场得3分，负一场得0分，打平后踢点球胜出的得2分，负队得1分（见表1-2-4）。

表1-2-4 单循环赛制小组积分表

组	A队	B队	C队	D队	E队	积分	净胜球	进球	名次
A队	★	$\frac{0-1}{0}$	$\frac{8-9(0-0)}{0}$	$\frac{2-1}{3}$	$\frac{0-1}{0}$	3	-1	2	5
B队	$\frac{1-0}{3}$	★	$\frac{2-0}{3}$	$\frac{3-2}{0}$	$\frac{0-1}{0}$	9	3	6	1
C队	$\frac{9-8(0-0)}{3}$	$\frac{0-2}{0}$	★	$\frac{0-5}{0}$	$\frac{6-4(1-1)}{3}$	6	-7	1	3
D队	$\frac{1-2}{0}$	$\frac{2-3}{0}$	$\frac{5-0}{3}$	★	$\frac{1-2}{0}$	3	2	9	4
E队	$\frac{1-0}{3}$	$\frac{1-0}{3}$	$\frac{4-6(1-1)}{0}$	$\frac{2-1}{3}$	★	9	3	5	2

二、淘汰制比赛

淘汰制比赛是指逐步淘汰失败者、使胜者按预定比赛表进入下一轮比赛、最后决出有限名次的一种比赛方式。

淘汰制比赛可分为单淘汰制比赛和双淘汰制比赛。

单淘汰制比赛：比赛过程中失败一次即被淘汰的方法（校内足球比赛多采用单淘汰制）。

双淘汰制比赛：比赛过程中失败两次即被淘汰的方法。

淘汰制比赛的特点：优点是在比赛过程中，技战术水平高的队趋向集中，比赛逐渐形成高潮，这种方法可在参赛队数多、场地少、时间短的情况下采用；缺点是有些队参赛场次少，实践锻炼机会少，不利于互相学习。同时，单淘汰制比赛的偶然性也较大，名次评定难以完全公平合理。双淘汰制比赛给初次失败的队增加了一次机会，这样产生的名次较单淘汰制比赛相对合理一些。

（一）单淘汰制比赛的编排方法

1. 计算单淘汰制比赛轮数与场数

（1）计算比赛轮数。如果参加运动队队数正好是2的乘方数，则比赛的轮数正好是以2为底的幂的指数。如8个队参加比赛，即为三轮，因为$8=2^3$。如果参加队数（人数）不是2的乘方数，则比赛的轮数是较大的一个以2为底的幂的指数。如12个队（人）参加比赛，因为$2^3=8, 2^4=16$，所以按16个队的轮数来计算，较大的一个以2为底的幂的指数是"4"，即为4轮。

（2）计算比赛场数。比赛总场数等于参加队数减1。如果有8个队参加比赛，总场数为"$8-1=7$（场）"。

2. 编排比赛秩序表

如果参加比赛的队数是2的乘方数，那第一轮所有的队都参加比赛，没有轮空队，则将参加比赛的队每两个队编为一组，按秩序表逐步进行淘汰即可。

如果参加比赛的队数不是2的乘方数，那么第一轮比赛将要产生轮空队，要确定轮空的数量，即轮空数。这时可根据参加比赛的队数，选择最接近的、较大的2

的乘方数作为号码位置数,用号码位置数减去参加比赛的队数,即为轮空数。

轮空队必须安排在第一轮,可采用抽签的办法来决定轮空队,也可先设种子队,再确定种子队轮空队的区位。为了使轮空安排合理、轮空位置均匀分布,一般都使用固定的轮空位置表(见表1-2-5)。查表方法:先根据参赛人数,选择最接近的、稍大于参加本次比赛队数的2的乘方数作为最大位置号数;再根据轮空队数,在轮空位置表上由左向右依次找出小于最大位置号数,就是轮空位置。与轮空位置相遇的队就是第一轮的轮空队。

表1-2-5 轮空位置表

2	63	34	31	18	47	50	15
10	55	42	23	26	39	58	7
6	59	38	27	22	43	54	11
14	51	46	19	30	35	62	3

例如,13个队参加比赛,应选用16(2^4)作为号码位置数,16-13=3,即有3个轮空队数。根据轮空位置表,可选2、15、10为轮空的号码位置,凡与编号2、15、10比赛的队即为轮空队。

为了避免水平高的队过早相遇而被淘汰,可设种子队,把种子队安排在不同的区位上,使之最后相遇。种子队的多少由参赛队的多少而决定,一般4个队确定1个种子队为宜。如16个队参加比赛,设4个种子队,最好把最强的1、2号种子队放在两头的1、16号位置上,把3、4号种子队放在中间的8、9号位置上,具体可查表1-2-6。查表方法:按比赛所设种子队数,在种子位置表上由左向右依次找出小于或等于最大位置号数,就是种子队的位置。

表1-2-6 种子队位置表

1	64	33	32	17	48	49	16
9	56	41	24	25	40	57	8
5	60	37	28	21	44	53	12
13	52	45	20	29	36	61	4

在编排比赛秩序表时也可采用抽签的方法确定非种子队在秩序表上的位置,然后填上队名、日期、场地、时间,即成为比赛日程表。一般情况下,同单位的球队

或运动员,应分散于各区。

例如,表 1-2-6 八支球队单淘汰赛(见图 1-2-1)和五支球队单淘汰赛(见图 1-2-2)的比赛轮次以及对阵情况。

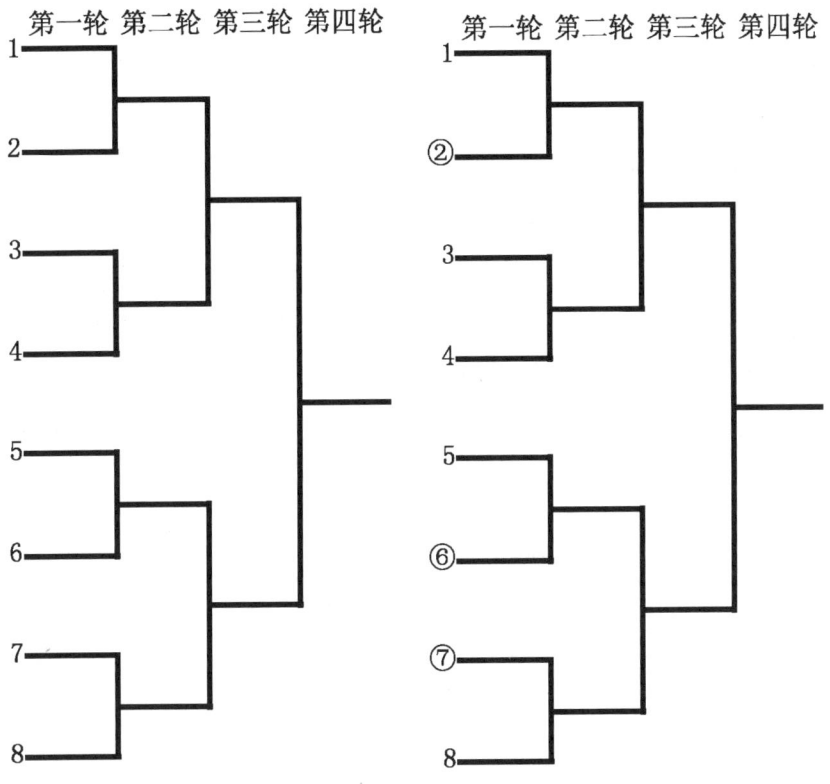

图 1-2-1　8 支球队单淘汰赛　　　　图 1-2-2　5 支球队单淘汰赛

注:第一轮 1、5、8 为种子队,"○"内的号数为轮空位置。

(二)双淘汰制比赛的编排方法

双淘汰制比赛的编排方法基本上和单淘汰制比赛相同。双淘汰制比赛一般分两个组进行,即胜者组与负者组。在第一轮比赛后,获胜者编入胜者组继续比赛,失败者编入负者组继续比赛。之后的每一轮,在负者组中的失败者将被淘汰,在胜者组的失败者仅被淘汰出胜者组而降入负者组,只有在负者组中再次失败(即总共有两次失败)后才会被淘汰出整个比赛。

在胜者组第一名与败者组第一名最后决赛时，又有两种可能：有些比赛规则规定任何一方胜利即获得最终的冠军；而有些比赛规则规定如果败者组第一名获胜，因为二者总成绩均为一败，还需要加赛一场决出最终的冠军，这种赛制又称作完全双败淘汰制。

双败淘汰制相对于单败淘汰制的优点之一是：无须进行额外的安慰赛或排位赛即可确定第三名、第四名。

双淘汰制的主要缺点在于：双淘汰制的比赛场次比单淘汰制大大增加。由于参赛者失败两场才会被淘汰，对于有 N 名参赛者的比赛，需要 $2×N-1$ 场比赛才能决出冠军，如果冠军队之前一场未负则需 $2×N-2$ 场比赛决出最后的胜利者。

双淘汰制的另一个缺点是：胜者组的第一名有可能只在最后决赛时输掉一场，却输掉了冠军。但一般认为由于胜者组第一名比败者组第一名要少赛几场，相当于轮空几轮，所以这个结果还是可以接受的。一种弥补的方案就是上面提到的完全双败淘汰，即再加赛一场比赛决出冠军（见图1-2-3）。

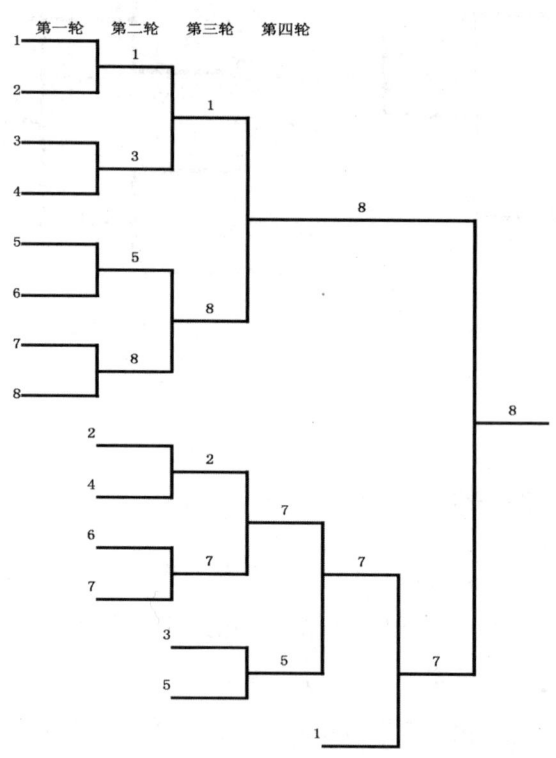

图1-2-3　8支球队双淘汰制比赛轮次对阵图

三、混合制比赛

混合制比赛是指同时采用两种或两种以上的竞赛制度进行比赛。实际比赛中,混合制比赛通常把比赛分为两个阶段:若前一阶段采用循环制,后一个阶段采用淘汰制;或前一阶段采用淘汰制,则后一阶段采用循环制。编排方法采用各赛制的编排方法。混合制比赛综合了循环制比赛与淘汰制比赛的优点,弥补了两者的不足,较全面地兼顾了竞赛各方面的要求,有利于参赛队的互相学习和交流,有利于激励运动员的比赛热情,能最大限度地减少比赛胜负的偶然性,因而使比赛名次的产生较为合理、客观。同时,随着比赛进程的推进,比赛逐渐进入高潮,对抗更加激烈,赛事更加精彩。

比赛过程中,采用较多的是先循环赛后淘汰赛的混合制比赛方式,比如"世界杯"足球赛。在进行淘汰制比赛时,一般有以下两种方式。

1. 交叉赛

首先第一阶段分 A、B 两组进行单循环赛决出各组的名次,然后进入第二阶段进行淘汰赛,这时可将两组的第一名、第二名进行交叉,即 A 组的第一名对 B 组的第二名、A 组的第二名对 B 组的第一名进行比赛,然后两组的胜者进行决赛,胜者为冠军,负者为亚军。若要排出第三名、第四名时,两组的负者进行附加赛,胜者为第三名,负者为第四名。各组的第三名、第四名同样采用此方法,决出第五至第八名,以此类推。若有 4 个或者更多组的第一名或者第二名参加第二阶段的淘汰赛,可以相邻组进行交叉赛,即 A、B 两组的第一名、第二名与 C、D 两组的第一名、第二名进行交叉赛。也可隔组交叉,即 A、C 两组第一名、第二名与 B、D 两组第一名、第二名进行交叉赛。

2. 同名次赛

第一阶段可分 A、B 两组进行单循环赛,决出各组名次。第二阶段淘汰赛时,两组的第一名进行比赛,胜者为第一名,负者为第二名;两组的第二名进行比赛,决出第三名和第四名。依此类推。

如果第一阶段是分成 4 个组循环赛,先由 4 个组的第一名进行半决赛,然后胜队之间进行决赛,负队之间进行附加赛,这样也可决出第一名至第四名。

第三节 校园足球竞赛的组织工作

校园足球比赛的主办单位应根据校园足球竞赛工作计划安排有秩序地开展工作。组织竞赛活动是一项复杂而细致的工作,涉及面广,是决定竞赛能够顺利进行的关键,直接影响到竞赛任务的完成。竞赛的组织工作可分为赛前筹备工作、竞赛期间工作和竞赛结束工作。

一、赛前筹备工作

校园足球比赛主办单位应根据竞赛的性质、竞赛的规模大小,召集各有关部门成立比赛的领导机构——组织委员会或者筹备委员会,将比赛的组织方案、竞赛章程、工作计划、组织机构等重要问题提交领导机构审定。

(一)讨论和确定组织方案

根据上级单位的竞赛工作计划和竞赛的性质来确定组织方案,组织方案一般包括以下内容:

1. 竞赛的名称、目的和任务

竞赛的名称、目的和任务是根据上级单位对比赛提出的任务和要求来确定的。

2. 竞赛的规模

竞赛的规模是根据竞赛的目的来确定的,主要的影响因素应包括主办单位的目的、承办单位的能力、参加队数和运动员人数、竞赛地址和日期等。

3. 竞赛的组织机构

竞赛的组织机构应根据实际需要建立,内容包括竞赛的组织形式、工作人员的名额、组织委员会下设的主要工作部门及其负责人名单等。

4. 竞赛的经费预算

竞赛的经费预算应本着勤俭节约的原则,根据实际需要来制定方案,内容包括比赛场地的修建(整修)、器材设备、奖品、交通、食宿、接待、医疗、奖金、工作人员补贴金等项目的经费预算。

(二) 成立组织机构

组织机构的形式与规模应和竞赛规模相适应,根据工作需要来确定。省市一级的校园足球竞赛,一般是由教育厅或市教育局主办;基层单位的竞赛应在有关系统和单位党政组织的领导下,由有关部门负责人组成领导机构具体负责,机构的设置应本着精干的原则。

1. 竞赛规模较大的组织形式

竞赛规模较大的足球比赛有区域间的选拔性比赛、地市间的"省长杯"比赛以及校际间的"市长杯"比赛等。竞赛时需要设置一些相关的部门,具体负责比赛的组织协调、后勤服务、医疗安保、裁判等工作,这些部门及其职责如下:

(1) 竞赛委员会(可以下设办公室):

① 执行竞赛规程的各项规定。

② 编排联赛日程。

③ 执行规定的罚款,收取报名费。

④ 处理异议(诸如运动员参赛资格等)。

⑤ 处理抗议(诸如场地、接待等)。

⑥ 安排替换退出的比赛队。

⑦ 监督检查商务合同的落实和商务行为。

⑧ 更改比赛日期、地点、场地和开球时间。

⑨ 审核比赛用球、场地和设施标准。

⑩ 宣布体育道德风尚奖运动队,宣布最佳运动员和最佳射手。

(2) 纪律委员会(或仲裁委员会):按规定负责受理对组委会决定的书面上诉以及处理比赛过程中的任何违纪事件。

(3) 竞赛部:负责报名、审查资格、颁发比赛许可证、印制秩序册、检查比赛场地、收报异议或抗议文函等工作,发送比赛委员会及各部门的决定及通知,组织赛区评选,下发停赛通知以及其他比赛中的日常事务。

(4) 安保部：负责报批委员会的统一工作证件，指导协调各赛区保卫工作。

(5) 宣传部：负责管理比赛期间的各类新闻等宣传工作。

(6) 专家组：负责规划比赛期间的调研工作，撰写比赛技术报告，选拔适龄优秀运动员。

(7) 商务部：负责开发比赛的商务赞助项目。

(8) 财务部：全面管理比赛财务工作，收取比赛中的各项罚款，汇总并检查赛区的各项财务报表。

(9) 裁判部：负责比赛裁判员和裁判长的选派，负责裁判报告表和红牌、黄牌的审核登记，对裁判员违纪事件上报处理意见。

2. 竞赛规模较小的组织形式

规模较小的竞赛有校内的班级比赛、校际之间的邀请赛、对抗赛等。规模较小的竞赛可以适当地调整、整合、缩减部门机构，可以根据情况只设置比赛领导小组负责比赛的筹备、进行和总结工作，可下设办公室具体负责协调相关工作。

(1) 办公室：根据领导小组的决议，组织配备各部门的工作人员，拟订工作日程计划。主要的工作内容有：组织领导小组会议，统筹领导裁判员要进行的准备工作、场地器材的准备工作，动员工作，组织开幕式和闭幕式，组织召开各队领队会议，组织学习报告或经验交流活动，活动总结等工作，制定各种规章制度与须知（如比赛制度和比赛须知等），负责对外联系，召开有关会议统一解决各（处）组之间的问题，编造预算等事宜。

(2) 宣传组：组织好比赛的宣传报道工作。具体工作内容为：组织通讯报道与编辑会刊，组织比赛文化活动，研究制定先进队、先进个人的评选条件和细则，准备学习材料，组织学习和讨论，组织有关观摩活动等。

(3) 竞赛组：

① 筹备裁判工作。制订裁判员工作计划，包括人数、来源、职责等。当裁判组到位后，在裁判长领导下开展裁判工作。

② 组织报名工作，编印秩序册。

③ 准备场地和各种器材（包括场地设备、器材和裁判用具等）。

④ 召开有关会议，解决比赛有关的各种问题。赛前要召开裁判长、教练员联

席会议。比赛期间必要时可随时召开有关会议,解决比赛中出现的问题。

⑤ 安排各队练习,组织经验交流会、座谈会等。

⑥ 比赛结束后排列出各队名次。

(4) 总务处组:

① 编制整个比赛活动的经费预算。

② 做好比赛所需的物质用品的保障工作,如交通、食宿、医药、文具及其他用品等。

③ 做好比赛过程中的生活管理工作,及时召开各单位管理人员的会议,解决比赛过程中有关生活方面的问题。

(三) 制定竞赛规程

校园足球比赛的竞赛规程是竞赛组织者和参加者的基本文件,也是竞赛工作的依据。竞赛规程在竞赛前由主办单位制定,并提前发给有关单位以便做好准备工作。竞赛规程一般包括以下内容:

(1) 竞赛活动的名称。

(2) 竞赛的目的、任务。

(3) 主办单位、承办单位、协办单位、赞助单位的名单等。

(4) 比赛日期和地点。

(5) 参加单位和各运动队人数及资格等。

(6) 报名和报到日期。

(7) 竞赛办法。

(8) 裁判长、裁判员的选派。

(9) 采用的规则、比赛用球以及对队员装备的要求。

(10) 录取名次和奖励办法以及其他事宜。

(四) 制订工作计划

依据竞赛方案、竞赛规程规定的竞赛日期,各部门在自己的职责范围内拟订出具体的工作日期计划,有计划地做好赛前各项准备工作。办公室应定期检查准备工作的落实情况。

（五）纪律委员会的工作

纪律委员会的职责是研究和处理整个竞赛过程中所发生的违犯竞赛规程和竞赛规则的代表队及个别运动员、裁判员、领队、教练员和随队其他工作人员，对其采取警告、暂停或取消比赛资格或工作资格等纪律处罚措施。

二、竞赛期间工作

竞赛期间的工作内容多而琐碎，各相关部门及工作人员应注意以下几点要求：

（1）竞赛期间各部门要不断地开展思想教育工作，使参赛者能端正比赛态度，正确对待胜负，正确对待裁判员，正确对待观众。相关部门还要根据队员的成绩和比赛精神，评选和表扬先进队和运动员。

（2）有关部门的领导和成员应经常深入球队中，征求意见并及时改进工作。竞赛组要每天及时公布成绩。

（3）场地组应经常对比赛场地、器材和设备进行检查和管理，保证竞赛顺利进行。

（4）遇有特殊情况需要更改比赛日期、时间和场地时，竞赛组应及时通知有关部门和参赛各队。

（5）安保组要确保住宿和比赛场地的安全和正常秩序。

（6）各部门应经常与各队取得联系，听取意见并改进工作，必要时竞赛委员会（或办公室）应召开领队、教练员、裁判长等部门负责人员的联席会议，及时处理和解决比赛中所出现的问题。

三、竞赛结束工作

竞赛结束后的工作要注意以下几点要求：

（1）各部门各自总结比赛期间的工作。

（2）相关部门要组织和举行闭幕式，作大会总结报告和颁发奖品。

（3）相关部门要安排和处理各队离会的有关事宜。

（4）组织委员会向上级汇报工作情况。

四、校园足球竞赛规程的编写

校园足球竞赛规程是由竞赛组委会或筹备组根据竞赛计划而制定的具体实施某一项比赛的政策与规定,其主要内容包括:竞赛的名称、目的、任务、时间、地点、举办单位或承办单位,竞赛的项目、组别、参加方法,竞赛办法,竞赛规则,录取名次与奖励,报名和报到,食宿安排,消防与安全知识及逃生路线示意图,裁判员与仲裁委员会的组成人员和职责,注意事项或未尽事宜以及本规程解释权的归属单位等。

校园足球竞赛规程的内容要根据竞赛的性质、目的、项目特点来设定,要依据举办比赛的宗旨提出规定和要求。竞赛规程一般由下列内容组成,在具体制定时可根据不同情况进行取舍。

(一)竞赛活动的名称

根据总任务确定比赛活动的名称。名称要显示出什么性质的比赛、哪一年(或第几届)的比赛。运动会的名称一般用全称。在比赛期间的文件、会标、宣传材料等方面所用的"名称"要统一。

(二)竞赛的目的和任务

根据举行本次竞赛活动的总要求,简要说明此次竞赛的目的和任务。例如,竞赛的目的是为了进一步贯彻落实《中国足球改革发展总体方案》《教育部等6部门关于加快发展青少年校园足球的实施意见》《河南省校园足球行动计划》以及《全民健身计划(2016~2020)》等文件精神。竞赛的任务是增强学生整体素质;普及体育运动,增强人民体质;提高足球运动水平;选拔组织足球运动代表队,准备参加高一级的比赛;总结交流教学训练工作经验,增进团结和友谊等。

(三)竞赛时间、地点和举办单位(或承办单位)

竞赛时间应写清预赛、决赛开始和结束的年、月、日,应写清举行比赛的地点和举办比赛的单位(包括主办和协办以及承办单位)。

（四）竞赛项目和组别

竞赛规程中要写清楚举办比赛所设置的竞赛项目及组别，比如男足、女足项目，以及年龄组或年级等要求。

（五）参加单位和各单位参加的人数

竞赛规程中，要按有关规定的顺序写明参加比赛的各个单位，各运动队参加的男、女运动员的人数，各运动队的领队、教练及工作人员人数以及参赛的其他有关规定。

（六）运动员资格要求

运动员资格是指参赛运动员的条件标准，包括运动员的年龄、健康状况、代表资格等。

（七）竞赛办法

竞赛办法遵循下列几种方法：

（1）确定比赛所采取的竞赛方法。如淘汰制比赛、循环制比赛、混合制比赛及其他特殊的方法，以及包括比赛是否分阶段进行、各阶段采用的竞赛方法是否相同、各阶段比赛的成绩如何计算和衔接。

（2）确定具体的编排原则和方法。

（3）确定名次及计分办法。

（4）制定对运动员（队）违反规定的处罚方法。

（5）规定比赛使用的场地，确定比赛的赛制（如五人制、八人制或十一人制等），确定比赛用球等器材要求，以及运动员的比赛服装、号码等。

（八）竞赛规则

竞赛规程中应列出竞赛采用的规则和有特殊的补充及竞赛规则以外的规定或说明。

（九）录取名次与奖励

（1）竞赛规程中要明确竞赛录取的名次、奖励优胜队的名次及办法。例如，对优胜队分别给以奖杯、奖旗、奖状、奖牌及奖金等。

（2）要明确体育道德风尚奖的奖励办法等。

（3）要清楚地写明设置的其他奖项，如最佳射手、最佳阵容、优秀运动员等奖项，以及奖励的内容和评选办法等。

（十）报名办法

报名办法应规定各运动队报名的人数、时间和截至报名的日期，书面报名的格式和报名的地点，并应注明截至时间以及违反报名规定的处理办法。

（十一）抽签日期和地点

凡属需要抽签进行定位和分组的竞赛项目，应在规程中明确抽签的日期、地点和办法。

（十二）其他事项

（1）有关未尽事宜的补充，如经费、交通、住宿条件等。

（2）注明规程解释权归属单位。一般情况下，解释权应归属主办单位的有关部门。

附：竞赛规程案例

××市××小学2017年"校长杯"校园足球班级比赛规程

一、主办单位

××市××小学。

二、承办单位

××小学体育组、政教处。

三、比赛时间、比赛地点

比赛时间：2017年4～5月。

比赛地点：学校足球场。

四、参赛单位

全校各班级。

五、竞赛组别

（一）甲组

水平一（一年级、二年级）：男、女生可以混合组队。

（二）乙组

水平二（三年级、四年级）：按照男队、女队分别组队。

（三）丙组

水平三（五年级、六年级）：按照男队、女队分别组队。

六、参赛办法与报名要求

（1）以班级为单位参加各个组别比赛。各参赛运动员必须是同一班级的学生。

（2）甲组（水平一）参赛队可报运动员15人（必须含女子运动员5人）。

（3）乙组（水平二）参赛队可报运动员20人。

（4）丙组（水平三）参赛队可报运动员24人。

（5）所有参赛队员必须办理"人身意外伤害保险"（以保险单为准）和到县级以上医院开具符合参赛要求的体检证明，否则不得参赛。

七、竞赛办法

（一）甲组

参照5人制比赛的方法，不设守门员。全场比赛时间30分钟，上、下半场各15分钟，中场休息10分钟。换人数量不限，场上至少有1名女生。

（二）乙组

乙组比赛分为男队、女队，采用5人制足球比赛规则。全场比赛40分钟，上、下半场各20分钟，中场休息不得超过10分钟。比赛使用4号球、2米×3米球门。换人数量不限。

(三) 丙组

丙组比赛分为男队、女队,采用8人制规则。全场比赛60分钟,上、下半场各30分钟,中场休息不得超过15分钟。比赛使用4号球。每场比赛替补人数不限,但在同一场比赛中被替换下场后不得重新上场。

(四) 竞赛制度

比赛采用分组循环赛与淘汰赛相结合的方法。比赛具体次序、比赛分组采取抽签的办法决定。

八、决定名次办法

(1) 胜1场得3分,平1场各得1分,负1场得0分,积分多者名次列前。

(2) 如遇两队或两队以上积分相等,则按下列顺序决定名次。

① 积分相等队相互之间比赛的胜者名次列前。

② 积分相等队相互之间比赛的净胜球多者名次列前。

③ 积分相等队相互之间比赛的进球总数多者名次列前。

④ 积分相等队相互之间比赛的红、黄牌总数少者名次列前。

⑤ 如仍无法决定名次,则采用抽签办法决定名次。

九、奖励办法

(1) 各组别前8名按名次设奖。

(2) 各组别体育道德风尚奖按4∶1设奖。

(3) 各组别评出"最佳阵容"。甲组5名(含1名女生),乙组10名(男、女各5名),丙组16名(男、女各8名)。

(4) 各班级评选出1名"希望之星"。

(5) 各组别评选出1名"最佳射手"。

(6) 评选10名"校园优秀小记者"。

十、报名办法与报名时间、抽签时间、联席会议

(一) 报名办法

参赛队报名交纸质报名表、电子报名表各1份(见附件1)。纸质报名表需要班主任签字。报名表原件报到时携带上交。电子报名表发送至邮箱,电子邮件名称统一为"水平年级+班级男子/女子+组别"。电子报名表和纸质报名表必须一致。

（二）报名时间

2017 年 3 月 20 日前将纸质报名表上交体育组办公室。

联系人：×××

联系电话：×××××××

（三）各组抽签

请各班班主任于 3 月 25 日 14:00 到学校办公室代表各自班级代表队抽签,未能按时参加抽签的班级由体育组安排老师代理抽签,不得对抽签结果提出异议。

（四）联席会议

各班班主任于 3 月 30 日 14:30 到学校会议室召开领队、教练员联席会,通报比赛相关事宜,请准时参加。

十一、比赛监督与裁判员

比赛监督由政教处委派老师担任,裁判员由体育组老师和部分高年级学生担任。

十二、附则

未尽事宜由竞赛领导组解释。

××市××学校
2017 年 2 月 25 日

附件

2017年×××市×××学校园足球班级比赛报名表

组别：			参赛单位：					
	姓名	手机号	运动员服装（颜色）			守门员服装（颜色）		
			上衣	短裤	长袜	上衣	短裤	长袜
领队								
教练		A						
教练		B						
照片								
姓名：	姓名：		姓名：	姓名：			姓名：	
场上号码：	场上号码：		场上号码：	场上号码：			场上号码：	
出生年月：	出生年月：		出生年月：	出生年月：			出生年月：	
学籍辅号：	学籍辅号：		学籍辅号：	学籍辅号：			学籍辅号：	
身份证号：	身份证号：		身份证号：	身份证号：			身份证号：	
照片								
姓名：	姓名：		姓名：	姓名：			姓名：	
场上号码：	场上号码：		场上号码：	场上号码：			场上号码：	
出生年月：	出生年月：		出生年月：	出生年月：			出生年月：	
学籍辅号：	学籍辅号：		学籍辅号：	学籍辅号：			学籍辅号：	
身份证号：	身份证号：		身份证号：	身份证号：			身份证号：	
注：此表可复制								
							班主任：	

第四节 校内班级足球比赛活动的组织

校内班级足球比赛是指在学校内举行的以班级为单位的足球比赛活动。随着校园足球活动进入新阶段,我国逐步加强了校园足球特色学校的建设。到2017年,全国校园足球特色学校已经达到2万所。《教育部等6部门关于加快发展青少年校园足球的实施意见》要求校园足球特色学校要规范竞赛管理,加快推进校园足球特色学校校内比赛活动的组织与实施,让校园足球特色学校的校内比赛、市内联赛成为常态化赛事。

校园比赛作为校园足球竞赛体系的基石作用正在逐渐得到体现。开展校内足球班级比赛,有助于校园足球活动的普及;开展校内班级足球比赛活动,有助于形成"校校有足球赛,班班有足球队"的新局面,使更多的学生踢足球、看足球、谈足球、写足球、参与到足球活动中来。通过校内班级足球比赛,足球的教育功能得到了体现:拼搏精神、团队意识、遵守规则、抗挫折能力都能够在学生的比赛过程中得到体现;通过参加校内班级足球比赛,学生健全了人格,塑造了品质;通过参加校内班级足球比赛,更多学生的身体素质有了明显提高;通过参加校内班级比赛,更多的学生对足球产生了浓厚的兴趣,体验到足球带来的快乐(见图1-4-1)。

图1-4-1　班级啦啦队

校内班级足球比赛活动可以根据学校自身的特点因地制宜地开展。要考虑到现有的场地条件、班级数量以及比赛时间等因素,可以采取男、女生同场竞技,可以根据比赛场次多少要求参赛队员只能参加一场或几场比赛,要尽可能让全员参与到校内班级足球比赛活动中来。

校内班级足球比赛可根据年龄、年级或水平分组。由于学生的年龄不同、身体条件存在着差异,低年级学生可以进行男女混合比赛。一般情况下,可以根据年级进行分组,也可以按照水平进行分组:水平一为丙组,水平二为乙组,水平三为甲组。

校内班级比赛可根据学校的场地条件确定赛制。一般情况下,小学的班级足球比赛宜采用5人制,初中的班级足球比赛宜采用8人制,高中的班级足球比赛宜采用11人制。学校也可以根据情况采用3人制比赛、7人制比赛和9人制比赛。

校内班级足球比赛的规则可根据学校的情况制定,根本目的是让更多的学生参与比赛活动。7人制比赛、8人制比赛、9人制比赛与11人制比赛的规则基本相同。3人制比赛、5人制比赛可参照《5人制足球竞赛规则》进行,在比赛时间、替换人数和人次等方面可以根据学校的情况作出调整。

校内班级比赛的规程可根据学校的实际情况制定。校长是开展校园足球活动的第一责任人。校内班级比赛可以命名为×××学校"校长杯"足球比赛。在设置奖项时可以多设置一些奖项,如"最佳阵容""最佳射手""希望之星""最佳守门员"以及参与比赛活动的"最佳啦啦队""优秀小记者""小小摄影师"等。

第五节 足球比赛的礼仪

礼仪是指在人际交往中以一定的约定俗成的程序方式表现出的律己敬人的礼节和仪式,涉及穿着、交往、沟通、情商等方面的内容。礼仪可以说是一个人内在修养和素质的外在表现,在我们的生活中扮演着重要的角色。

一、足球比赛礼仪的重要性

"做人先学礼"。校园足球比赛礼仪教育是学生人生教育的主要一课。足球比赛礼仪必须通过学习、培养和训练才能成为学生的自觉习惯，逐步成为人生的行为习惯。每一位学生、指导教师都有义务和责任学习足球礼仪，传承足球礼仪，让自己自然而然地成为遵守这个运动项目规矩的一员。个人文明礼仪一旦养成，必然会在社会生活中发挥重要作用。

（一）礼仪是个人美好形象的标志

礼仪是一个人内在素质和外在形象的具体体现。礼仪是个人心理安宁、心灵净化、身心愉悦、修养增强的保障。足球礼仪的核心是倡导人们健康强壮、积极向上、团结合作、与人为善、遵守规则、约束自己。足球礼仪体现了一个人的一种阳光、坦荡、身心愉悦的个性。

（二）礼仪是人际关系和谐的基础

足球队是不同群体的集合，群体是由众多个体会合而成的。每一支队伍中的每名队员的差异性是绝对的，例如年龄、生活水平、学习成绩、家庭背景等。足球礼仪是球队队员交往的润滑剂和黏合剂，会使不同学生之间相互敬重、相互理解、求同存异、和谐相处。

（三）礼仪是促进学生全面发展的关键

学生的品行、学生的综合素质是他们将来走向社会发展的重要竞争力。讲究礼仪可以帮助他们实现理想、走向成功，可以促进全体学生团结互助、遵守规则、诚实守信，可以增强他们的交往和竞争能力，从而推动各项素质的发展。

（四）礼仪是社会文明进步的载体

要继承、弘扬祖国优秀的文化传统，加强社会主义精神文明建设，文明礼仪宣传教育作为其中重要的一项内容必不可少。文明礼仪宣传教育是弘扬社会主义核心价值观的重要策略之一。

二、足球比赛的礼仪

足球运动员知礼、懂礼、重礼，不仅能够体现个人修养、增加个人魅力，更能赢得观众和竞争对手的认同和尊重,同时也有利于足球运动精神的弘扬和传播。

在足球比赛时,参赛双方应遵守的礼仪规则总结如下。

(一)比赛前的礼仪

在比赛前,参赛双方应遵守以下礼仪:

(1)准备好参赛证件:裁判员检查参赛证件时,队员应双手将证件(证件正面应朝上)递交给裁判;裁判检查完毕后,队员应双手接回并且致以谢意。

(2)进场:要在裁判员的带领下成纵队依次进场,进场顺序依次是队长、守门员、首发上场队员(见图1-5-1)。

图1-5-1 参赛人员在裁判员带领下进场

(3)升旗仪式:当参加的比赛有升旗仪式时,升国旗、奏国歌时,取立正姿势(少先队员敬队礼),目视国旗徐徐升起,直到国歌奏毕,切忌随意走动或与他人交谈。演奏其他国家国歌时也应自觉起立。这不仅表示对一个国家的尊重,也是国际交往活动中的重要礼仪。

(4)向观众致意:全队一起牵手或一起举手向观众、球迷致意(见图1-5-2)。

(5)双方握手致意:比赛开始前由客队队长带领队员依次与主队队员以及裁判握手(守门员不能戴手套握手)。赛前握手可讲"加油""多多指教"等客气话(见图1-5-3)。

图 1-5-2　向观众致意

图 1-5-3　双方握手致意

（6）双方队长交换队旗：比赛开始前，双方队长要进行挑边。挑边前，双方可交换队旗，以示友好。

（7）鼓劲加油：比赛开始前或进行中的某些时候，球员们要站在一起相互鼓劲加油，具体方式及口号由队长根据当时的具体情况作决定。一种方式是所有球员侧身围成一个圆圈,每人依次伸出一只手上下相叠,高呼"加油"的口号(见图1-5-4)。

图 1-5-4　队员鼓劲加油

(二) 比赛进行中的礼仪

比赛进行中,参赛双方应遵守以下礼仪:

(1) 进球时:球员进球后可以做个性化的庆祝动作,但不能延误比赛时间,一定要感谢助攻的队友并且和队友一起分享。当然,如果浪费了队友创造的进球机会一定要向队友表示歉意。

(2) 换人时:比赛中途换人时,上场的球员离开座位后,应避免从主教练前面穿过,应站在场边等候;退场球员到达场边时,首先与队友示意,鼓励他们在场上好好表现,再向观众示意,感谢大家的支持,然后走回替补席,与主教练握手(或以其他方式),表示尊重他的决定。

(3) 犯规时:若比赛中犯规,在裁判员判罚后,犯规队员应举手示意,表示接受判罚,并采取适当的动作向对手队员表示歉意;一旦认为裁判判罚有误时,应通过队长、教练员或领队与裁判协调,不要在场上形成群起攻击的对峙局面,更不应采取谩骂等过激的行为。

(4) 球员受伤时:当一方球员受伤,另一方应主动放弃进攻机会,把球踢出界,形成死球;若比赛在继续进行中,受伤球员一方主动把球踢回对方,则观众应给予掌声。

（5）其他礼仪：比赛中，球员不能有侮辱、指责裁判、对方队员、同伴队员的行为，也不允许在死球时用身体任何部位接触裁判员、对方球员、官员、工作人员以及观众。队员应积极比赛，不采取延误时间等不正当行为。

（三）比赛结束后的礼仪

比赛结束后，参赛双方应遵守下列礼仪：

（1）致谢：比赛结束后，主队队员在队长的带领下向裁判员、客队队员行握手礼，客队队员向裁判员行握手礼。然后，主队、客队分别一起手拉手走向对方替补席向对方教练员、运动员致谢。致谢和致意时，态度端正认真，动作到位，不敷衍了事（见图1-5-5）。

图 1-5-5　向观众致谢

（2）交换球衣：当遇到有纪念意义的、精彩的比赛，或者难得遇到的明星队员、即将退役的球员时，有的球队双方会交换队服，留作纪念。交换球衣，代表着"你有让我尊重的实力"，同时也代表着"感谢你的全力以赴"。

（3）颁奖仪式：领奖时要穿好整洁的入场服，应保持良好的姿态、彬彬有礼，主动向授奖人鞠躬、握手或拥抱表示谢意，少先队员敬队礼。集体领奖时，领奖的队长或代表可主动将奖杯传递给其他队员，让全体队员一起分享获奖的欢乐和喜悦。

接受奖杯或奖章后,应举起奖杯或奖章向观众致意,并给记者留一点儿摄影时间。

三、观看足球比赛的礼仪

足球是世界上最富激情的运动,内涵十分丰富。每个球迷都能在其中找到自己需要的东西:拼搏精神、战术、运气、输赢、英雄、荣誉等。它给人带来的快感和享受是其他活动项目难以相比的。然而,由于球场上双方队员发生肢体碰撞,或裁判失察、误判等,常常会引起球迷的过激反应,导致冲突甚至引起骚乱、伤亡事件,所以注意观赛礼仪、倡导文明观赛十分重要。

(一)着装要求

看体育比赛,不必像听歌剧、音乐会那样衣冠整齐,但也要着装得体、大方,穿休闲服、运动服均可。有的啦啦队员穿上与自己喜爱球队相同颜色的球衣;有的球迷别出心裁,脸上涂抹国旗图案油彩等,这些都会很好地活跃比赛气氛。而穿背心、短裤,趿拉着拖鞋,甚至光着膀子去赛场看球,则有伤大雅,不符合公共场所礼仪的要求。

(二)进出场要求

入场可以随身携带锣鼓、喇叭、旗帜、加油横幅等啦啦队常用物品,但不能携带赛场明令禁止的物品,如侮辱性标语、酒精类饮品、瓶装饮料等。两球队入场均应友好对待,不可只给自己喜爱的球队鼓掌而冷落另一支球队。

无论比赛结果如何,在比赛结束时都应有礼貌地再次为双方球员和裁判员鼓掌以表示感谢。场内观众席上一般不禁止吃零食,但进食不得影响他人观看,不要把果皮纸屑随地乱扔。离场时,要把自己产生的垃圾带走,做到人走场净。场内一般不准吸烟,如果实在忍不住,可以到休息厅的吸烟室或允许吸烟的地方吸烟。

(三)升国旗仪式

国际足球比赛都会举行升国旗、奏国歌仪式。届时,除摄影、摄像记者外,在场人员应一律起身、肃立、停止走动和交谈。当升起本国国旗、奏响本国国歌时,应面向国旗行注目礼,军人要向国旗行军礼,少年儿童要行举手礼,全体人员随国歌曲谱一同唱响国歌。而当升起客队国旗、奏响客队国歌时,在场人员应保持肃立,以示对客队的尊重。

(四) 用语文明,避免粗口

观赛常见的不文明之举是动粗口。当一个漂亮的头球、一记倒勾或长距离射门使球应声入网的刹那间,该队球迷在看台上会一片欢腾。而对手阵营却是另一番景象:有人哀叹,有人责骂防守球员"废物""大粪",也许会有人高喊"越位""裁判误判"。于是,双方球迷各执一词,开始争执,口无遮拦,什么"国骂""京骂"张口就来,至于"眼瞎""狗屁"等难听的粗口都出来了。这些都是赛场上的不和谐之音,应坚决摒弃。提倡语言文明、行为得体,应当先从控制粗口入手。

(五) 适当宣泄

紧张激烈的足球比赛能使观众与球员一起享受成功的快感、疯狂,也会使观众与球员一起经历失误、失败的懊丧。而伴随快感或懊丧情绪的常常会有不同形式的宣泄。球迷们为己方球队加油助威,常见的宣泄形式有喊口号、吹喇叭、敲锣打鼓、抛洒纸花、做人浪等,这些形式会很好地增强赛场的浓烈气氛。但是喝倒彩,辱骂队员、教练、裁判,甚至往赛场内投掷危险杂物等,则不是正常的宣泄行为,而是过激行为,应予以规避。

(六) 保持良好的秩序

为了保证赛场的秩序和安全,赛会组织者应采取一些适当措施。例如,把好入口"安检"关,把危险物品排查在赛场之外,以便有效遏制向场地内投掷物品的概率。再如,为了抵制粗口,可邀请乐队到现场演奏,用音乐抵制不良叫骂声;启动大屏幕,回放比赛场面,让观众看清判罚过程,以消除对裁判的误解;在赛场启用循环饮水机,供球迷"消火"。如果有关单位、组织能够把志愿者、球迷组织起来,进行集体观赛,统一口号、统一服装和统一动作,会对营造良好的赛场氛围更有利。"文明观赛事,理智对输赢",应该大力推广。文明退场,还要携带垃圾出场。不要过早地退场,因为足球比赛场面千变万化,结果难料。不要在出入口处或人群密集处看球,那里极容易出现意外事故。

第二章　足球竞赛规则分析

> **本章提要**：本章根据国际足联最新颁布的《足球竞赛规则》（中文版）编写，分别对足球正式比赛中的比赛场地、比赛人数、比赛时间等进行了阐述。足球比赛中的越位判罚、犯规与不正当行为的判罚是该章的重点部分。校内班级比赛可根据学校的实际情况对比赛场地、比赛时间、球门大小以及替补队员人数、队员的服装等进行调整和修改。

第一节　比赛场地与比赛用球

一、比赛场地

（一）场地表面

比赛场地可以根据竞赛规程规定，使用全天然草皮或全人造草皮，人造草皮的场地表面应为绿色。如竞赛规程有规定，比赛场地还可采用人造和天然材质的混成系统，但这种混成系统不可用于比赛场地，仅可出现在比赛场地周边区域，如助理裁判员的跑动区域、技术区域。

（二）场地标记

比赛场地必须是长方形，在长 90～120 米、宽 45～90 米的范围内均可，但在任何情况下长度必须超过宽度。国际比赛的场地长宽范围分别为 100～110 米和 64～75 米。分界各区域的线属于该区域的一部分,这些线宽不超过 12 厘米,不得做成"V"形凹槽(见图 2-1-1)。

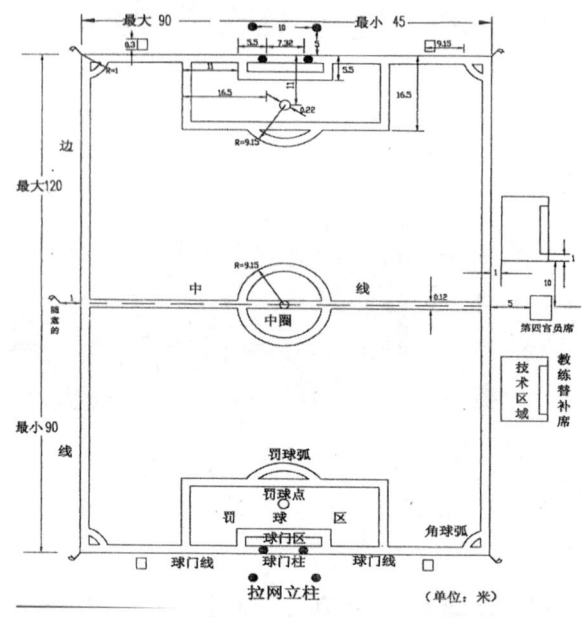

图 2-1-1　足球比赛场地图

1. 边线

在比赛场上,较长的两条线叫边线。当球的整体从地面或空中完全越过边线,即判罚对方界外球恢复比赛。

2. 球门线

如球的整体从地面或空中完全越过球门线,则可能会出现进球、角球、球门球等情况。两门柱间的球门线长 7.32 米,球门柱高 2.44 米。当球的整体从两门柱间、横梁下侧完全越过该线,即为进球。如果在两门柱外出界,在球的整体完全出界前,最后接触球者的一方为守方,即由攻方踢角球恢复比赛;最后接触球者为攻方队员,即由守方踢球门球恢复比赛。

3. 中线

场地中间画的一条横穿球场的线叫中线。中线将场地划分为两个半场。在中场开球时,所有队员必须在本方半场内。

二、比赛用球

比赛所用球的周长为 68～70 厘米,重量在 410～450 克之间,赛前气压达到 0.6～1.1 个大气压力。比赛中如需要换球,所换球必须符合以上要求,并在裁判员的管理下使用。

第二节 队员和队员装备

一、参赛队员

(一)场上队员人数

比赛开始时,两个队中每队队员不得多于 11 名,其中必须有 1 名为守门员。如果任何一队少于 7 人,则比赛不能开始或继续。

(二)替换程序

比赛中的替补人数由竞赛规程规定,替补队员名单应在赛前提交裁判员,未出现在替补名单的队员不得参赛,被替换下场的队员不得再次上场。替换队员时需提前通知裁判员,在比赛停止时遵循先下后上原则,经裁判员允许后被替换下场的队员就近离场,替补队员须从中线进场。中场休息时替换的队员应在下半场开始前完成替换程序。

任何队员都可以在比赛停止时得到裁判员允许后与守门员互换位置。如在比赛中未得到裁判员允许与守门员互换位置,裁判员可允许比赛继续但应在比赛下一次停止时警告有关队员。

(三)队员名单提交和队员替换

如果在提交球队名单前该队队员被罚令出场,则被罚令出场的队员不允许出现在提交的队员名单中。

提交名单后,比赛开始前,可用其他替补名单内的队员替换出场队员,但不可更改替补名单。

比赛开始后,不得随意替换队员。

无论何时,被罚令出场的球员不能出现在技术区域内。

二、队员装备

队员的装备规定以保护运动员为原则,不能佩戴危及自己和他人的装备及饰物。上场运动员的基本装备有:有袖子的上衣、短裤、球袜、护腿板、球鞋。紧身衣、紧身裤的颜色必须与球衣、短裤的颜色一致。缠绕在球袜外面的胶带需与球袜的颜色一致(见图2-2-1)。守门员应与场上其他队员的装备有明显区别(见图2-2-2)。

图 2-2-1 运动员装备

图 2-2-2 守门员装备

如在比赛中,裁判员指出队员装备不符合要求,比赛不需要停止,队员可离场整理。队员整理后在经裁判员或助理裁判员检查后得到裁判员允许即可重新进场。

第三节 裁判员与其他比赛官员的职责

一、裁判员的职责

裁判员应遵循《足球竞赛规则》及比赛精神，作出准确且符合规则精神的判罚。裁判员从进入比赛场地至比赛结束的这一段时间内均有权对场上球员和替补席上的替补球员进行纪律处罚，并可以对技术区域内的官员进行管理或驱逐出技术区域。

裁判员在赛前应确保比赛用球、队员装备符合规则要求。裁判员在赛中应记录进球、纪律处罚时间和比赛成绩，针对赛中出现的突发情况要作出相关决定——是否因外界人为或自然因素干扰而停止、中断或中止比赛。裁判员要遵循保护运动员健康的原则，赛中需对队员受伤程度作出一定的伤情估计：如认为队员是重伤，应停止比赛并确保队员离场处理伤情；如认为队员是轻伤，可到下一次比赛停止时处理队员伤情；如受伤队员是因犯规而受轻伤并接受纪律处罚（黄牌或红牌）的，则可在允许受伤队员在场内接受快速治疗而不需离场。

二、助理裁判员和第四官员的职责

每场比赛可以指派两名助理裁判员和一名第四官员。助理裁判员可在裁判员需要的时候给予协助，但最终的判罚还是由裁判员来决定。助理裁判员的职责有：球出界后给出正确恢复方式的旗示；示意队员是否越位犯规；协助替换队员；当犯规发生在裁判员视野外时，协助裁判员处理犯规；在助理裁判员附近罚任意球时，可以进场协助裁判员控制好9.15米的距离；罚球点球时负责看守门员是否提前向前移动，看清楚球的整体是否越过球门线。

第四官员赛前需协助裁判员做好监督工作，如至队员休息室检查球员装备；赛中，管理技术区域的官员及替补球员，核对换人资格并监督换人；在裁判员告知补时时间后，利用换人牌示意补时时间；赛后及时和其他裁判员核对进球、纪律处罚时间。

第四节 比赛开始与比赛结束

一、比赛开始

（一）比赛时间

每场比赛分为上、下半场，每半场45分钟；中场休息时间不得超过15分钟。这些规定需要在竞赛规程中体现。裁判员可根据赛中替换队员次数、队员受伤处理等所浪费的时间酌情补足并给出补时时间。

（二）开球和坠球

开球和坠球是比赛开始或重新开始的一种方式。一方进球后，比赛需重新开始，比赛开始需要在中圈开球。开球可以直接射门得分。

1. 开球的程序

比赛开始前由裁判员利用挑边器进行挑边儿，挑对的一方可以选择上半场的进攻方向，并在下半场开始时执行开球；另一队则上半场开球。双方队伍在下半场开始时交换场地。

开球时可一人进行开球，对方队员需距球至少9.15米（中圈外）。球放定，而后有明显移动比赛即为开始。赛中出现进球后被进球方进行开球。

违规及判罚：开球队员在其他队员触及前不得再次触球，如违规则由对方队员在犯规地点罚间接任意球；其他违例（例如对方队员在比赛恢复前提前进入9.15米）则执行重新开球。

2. 坠球

凡因竞赛规则中未提及的原因暂停的比赛，均以坠球恢复比赛。所有场上队员均可参与坠球,坠球不可直接得分。如果坠球被直接踢进对方球门,判罚球门球;被直接踢进本方球门,则由对方踢角球。

坠球方法:裁判员在比赛停止时球所在的地点坠球。如比赛停止时,球在球门区内,则应把球放在距比赛停止时球所在位置最近的球门区线执行坠球。当球触及地面即为比赛重新开始。

违规及恢复比赛方法:如果球在未接触地面被队员触及或触及地面后未经队员触及而离开比赛场地,则重新执行坠球。

二、比赛进行中

除球从地面或空中完全越过球门线、边线或裁判员令比赛停止时,其他时间均为比赛进行中。场地的线、球门和角旗均属于场地的一部分,因此当球从球门柱、横梁或角旗杆、场地内裁判员或助理裁判员身上弹回的球同样视为比赛进行中的正常球。

三、比赛结束时的计胜方法

当球的整体完全越过球门线进入球门内,并且在此之前该队员或该队其他球员并无犯规事件发生,即判定进球。在比赛中进球数较多的队为胜队。如两队进球数相等或均未进球,计为平局。当竞赛规程中要求一场比赛平局后必须决出胜负时,计胜方法有这样几种:客场进球多的队伍为胜队;如果主客场两场比赛均为平局,则采用加时赛或球点球决胜负。

第五节 越位与越位判罚

一、越位的定义与越位犯规的判罚

当队员的头、躯干、脚的任何部位(不包含臂)较对方倒数第二名防守队员更接近球门线,该队员即处在越位位置。队员处在越位位置并不是犯规。但当同队队员踢（传球）一瞬间，处在越位位置的队员，裁判员认为其涉及干扰比赛、干扰队员，或在越位位置获利等三种情况之一的即判定为越位。越位犯规应该判罚给对方在犯规发生地点踢间接任意球恢复比赛。

二、没有越位的情况

当队员接到球门球、界外球、角球或在本方半场接到同队队员传球时，就没有越位犯规。

三、判罚处于越位位置队员犯规的情况

（一）干扰比赛

参与传递或触及同队队员传递后的球即为"干扰比赛"（见图2-5-1a、图2-5-1b）。在图中A队员在同伴传球的瞬间处于越位位置，企图获得利益，干扰了比赛。

图2-5-1a　干扰比赛　　　　　图2-5-1b　干扰比赛

（二）干扰对方队员

利用明显的阻挡、阻挡视线或参与对方的争抢球或干扰阻止对方触球或可能触到的球，即为"干扰对方队员"（见图2-5-2a、图2-5-2b）。

图 2-5-2a　干扰对方队员　　　　图 2-5-2b　干扰对方队员

(三) 越位获利

触及从球门横梁、立柱或从对方队员身上反弹的球即为在越位位置获利。该情况常出现在同队队员于射门后，该队另一队员在射门那一刻定格处在越位位置。但在越位位置接到对方队员主动踢的球（有时间、空间做出技术动作，但因个人技术问题传偏的球）不得算为越位获利（见图 2-5-3a，图 2-5-3b、图 2-5-3c）。

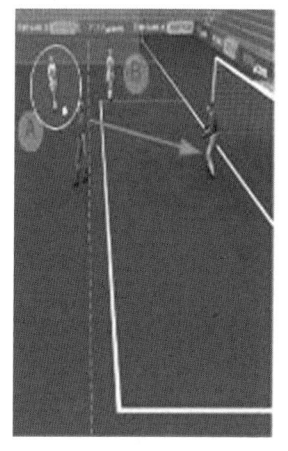

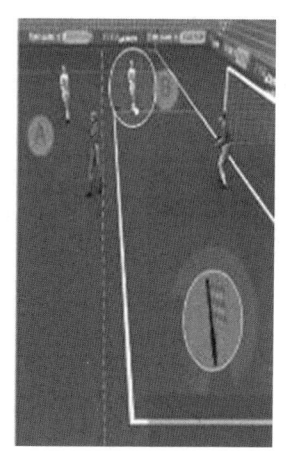

图 2-5-3a　越位位置获利　　　图 2-5-3b　越位位置获利　　　图 2-5-3c　越位位置获利

(四) 对为制造越位而离场的球员的判罚

在比赛中，队员不得擅自离开场地。如果守方队员故意退出场外造成攻方队员越位属非体育的行为，裁判员不但不判攻队队员越位，反而应在成死球时给守方

队员予以警告。

球在进入球门的过程中,离场的攻方球员在球门内,如果裁判员认为该队员干扰了对方,即判定进球无效并以非体育行为警告该队员;如果裁判员认为该队员并未干扰对方球员,即判进球有效。

第六节 犯规与不正当行为

一、犯规的基本条件

犯规的发生需具备时间、地点、人物三个基本条件,即犯规发生在比赛进行中,犯规发生在比赛场地内,犯规是由场上队员所造成的。

二、直接任意球和球点球的判罚

(一)直接任意球

如果裁判员认为队员有以下犯规的任意一种,将判给对方踢直接任意球:
(1)踢或企图踢对方队员。
(2)绊摔或企图绊摔对方队员。
(3)跳向对方队员。
(4)冲撞对方队员。
(5)打或企图打对方队员。
(6)推对方队员。
(7)踩踏或抢截对方队员。

如果上述犯规动作是草率的,则不需要给予犯规队员纪律处罚(无红、黄牌);如果上述动作是鲁莽的,则需要给予犯规队员警告的纪律处罚(黄牌);如果上述动作是使用过分力量的,则需要给予罚令出场的纪律处罚(红牌)。

裁判员在判罚草率的、鲁莽的、使用过分力量这三种纪律处罚层次时可根据犯规动作的速度、力量和接触点的区别,给出正确的判罚。

如果裁判员认为队员有以下3种动作中的任意一种,也将判给对方踢直接任意球:

(8) 拉扯对方队员。

(9) 向对方队员吐唾沫。

(10) 故意手球(除守门员在本方罚球区外)。

(二)球点球

防守队员在本方罚区内犯规,应判罚的直接任意球均为球点球。

为遏制球员在球出界后的恶性犯规,常根据不同情况区别判罚。如场上队员在正常比赛情形下,离开比赛场地对其他队员实施可被判罚直接任意球的犯规,应在距犯规地点最近的边线或球门线由对方踢直接任意球;如犯规地点最近一点在本方罚球区内,应判由对方踢球点球。

三、间接任意球的判罚

(一)守门员违例

如果守门员在本方罚球区内违反以下4种犯规中的任何一种,将判给对方踢间接任意球:

(1) 用手控制球后在发出球之间持球超过6秒。

(2) 放开对球控制后,未经其他队员触及再次用手触球。

(3) 用手触及同队队员故意踢给他的球。

(4) 用手触及同队队员直接掷入的界外球。

(二)队员违规

如果队员出现下列情况之一的,也将判给对方踢间接任意球:

(1) 裁判员认为其动作带有危险性。

(2) 阻挡对方队员。

(3) 阻挡对方守门员从其手中发球。

（4）本节未提及的任何其他犯规而停止比赛，被警告或罚令出场的情况。

以危险的方式比赛和阻碍对方队员行进是没有任何身体接触的，如有身体接触，将判罚直接任意球。

（三）可进行纪律处罚的不正当行为

裁判员可以根据犯规情节对场上队员、替补队员、替换下场的队员进行纪律处罚。其中，黄牌表示警告，红牌表示罚令出场。

1. 可出示黄牌的犯规

如果场上队员违反下列犯规中的一种，将被出示黄牌：

（1）非体育行为。

（2）以语言或行动表示不满。

（3）持续违反规则。

（4）延误比赛重新开始。

（5）当以角球、任意球或掷界外球恢复比赛时不退出规定的区域（距离）。

（6）未经裁判员允许离开或进入比赛场地。

如果替补队员或替换下场的队员违反下列犯规中的一种，将被出示黄牌：

（1）非体育行为。

（2）以语言或行动表示不满。

（3）延误比赛重新开始。

2. 可出示红牌的犯规

如果场上队员、替补队员、被替换下场的队员违反下列犯规中的一种，将被出示红牌：

（1）严重犯规。

（2）暴力行为。

（3）向对方或其他任何人吐唾沫。

（4）利用手球破坏对方明显进球得分机会（除守门员在本方罚球区内）。

（5）使用攻击性或辱骂性的语言。

（6）同一场比赛中得到第二次警告。

被罚令出场的队员必须离开技术区域和比赛场地附近。

第七节 任意球

一、任意球的种类

任意球分为直接任意球和间接任意球。

二、任意球的处理

直接任意球：可直接踢入对方球门，判为得分；直接踢入本方球门，判给对方踢角球。

间接任意球：当球进门前需经场上其他队员触及才可得分。如果间接任意球直接踢入对方球门，判罚球门球；直接进入本方球门，判给对方踢角球。

三、任意球罚球位置及方法

（一）任意球罚球位置

当罚球地点在罚球区内，守方踢直接任意球或间接任意球。此时，所有对方队员需在罚球区处且距离球至少9.15米，直到球出罚球区比赛才为重新开始。

当罚球地点在球门区内，守方的直接任意球或间接任意球可将球放在球门区内任意位置；攻方的间接任意球，需在垂直于犯规地点最近的球门线上踢球。

其他任意球的位置根据竞赛规则在比赛停止时球所在的地点或犯规发生的地点踢球。

（二）任意球罚球方法

无论是直接任意球还是间接任意球，罚球时必须将球放定，其他队员必须距球至少9.15米，球被踢出并移动即为比赛开始，踢球队员未经其他人触球前，不可再次触球。

裁判员在做出间接任意球手势时应单臂上举,当球踢出并经其他队员触及后可将手臂放下。如未单臂上举,球直接进门须重踢。

(三)任意球罚球违规的判罚及恢复方法

1. 罚球队员罚球后二次触球

如果罚球队员在比赛恢复后、未经其他人触球前,再次用手以外的部位触球,判由对方踢间接任意球;如果踢球队员用手触及球,判对方踢直接任意球;如果罚球队员在罚球区内用手触球将判罚球点球。

如果罚球队员为守门员,在比赛恢复后、未经其他球员触球前,再次用手以外的部位触球,判罚对方踢间接任意球;如果在罚球区外用手触球,判罚对方在违规地点罚直接任意球;罚球区内,罚间接任意球。

2. 防守队员距离不足 9.15 米

当被犯规方罚球,对方队员距罚球点不足 9.15 米时,被犯规方可向裁判员提出协助管理防守距离(人墙的距离)。为了促进足球运动的发展,竞赛规则允许被犯规方快罚任意球。当球队选择快罚任意球,距离近的队员故意阻止快罚,裁判员必须以延误比赛重新开始警告该队员。如果该防守队员距球虽不足 9.15 米但未阻止其罚球,只是将球截获,裁判员应允许比赛继续。

第八节 罚球点球、球门球、角球、界外球

一、罚球点球

当守方队员在本方罚球区犯有可被判为直接任意球的犯规时,应判攻方罚球点球。

（一）罚球程序

首先要确认主罚队员。主罚队员确认后，除主罚队员和对方守门员外，其他队员应在该罚球区外及比赛场内，并至少距罚球点9.15米处。其次，裁判员要将球放定在罚球点上。守门员不可在主罚队员触球前提前向前移动。最后，裁判员鸣哨后，当球被向前踢且明显移动，即为比赛重新恢复。主罚队员在其他队员触球前不得再次触球。

（二）违规情况及判罚

（1）当出现确定主罚队员后同队其他队员将球踢出，主罚队员向后踢或完成助跑支撑脚站定后使用假动作踢球的犯规情况时，裁判员将判罚对方踢间接任意球，并警告犯规队员。

（2）如果裁判员鸣哨给出罚球信号后，双方队员出现违规情况，应根据下表情况恢复比赛（见表2-8-1）。

表2-8-1　罚球点球时队员违规情况判罚

提前进入罚球区犯规	罚球后结果	
	进球	未进球
攻方队员犯规	重罚球点球	间接任意球
守方队员犯规	判进球	重罚球点球
攻守双方队员犯规	重罚球点球	重罚球点球

二、罚球门球

（一）罚球门球程序

攻方队员将球踢出球门线且未进门得分，守方队员在本方球门区任何地点将球直接踢出罚球区恢复比赛。罚球队员在其他队员触球前不得再次触球，当球被踢出罚球区后比赛即为开始，球门球可直接踢进对方球门得分。

（二）违规与判罚

如球未直接被踢出罚球区，应重踢。

球被踢出罚球区后，罚球队员如在其他队员触球前再次触球，应判罚对方踢间接任意球；如用手再次触球，应判对方踢直接任意球。

三、罚角球

（一）罚角球程序

当守方队员将球踢出球门线且球未进入球门，攻方队员可在角球弧内任何地点获罚角球。罚球队员在其他队员触球前不得再次触球。守方队员需距球至少9.15米，直至球明显移动后比赛开始。角球可直接踢进对方球门得分。

（二）违规与判罚

比赛开始后，罚球队员如在其他队员触球前再次触球，应判对方踢间接任意球；如罚球队员用手再次触球，应判对方踢直接任意球。

四、掷界外球

在比赛进行中，球的整体从地面或空中完全离开比赛场地后，应判最后触球的对方队员在球出界外（边线）一米范围内，将球掷向场内任何方向。掷界外球不能直接得分。如直接掷入本方球门，则由对方踢角球；如直接掷入对方球门，则由对方罚球门球。

（一）掷界外球程序

掷球队员面向场地，距其他队员至少2米，任何一只脚的一部分站的边线上或边线外，使用双手将球经头后一次性向前抛出，球进入场地即为比赛开始。

（二）违规与判罚

罚球队员违反罚球程序，判罚对方掷界外球。

掷球队员将球掷出后,在其他队员触球前不能再次触球。如在其他队员触球前掷球队员再次触球,应判罚对方踢间接任意球;如掷球队员用手再次触球,应判对方踢直接任意球。

第九节 罚球点球决胜负

罚球点球决胜负是竞赛规程中规定的一场比赛平局后必须决出胜负时采用的一种方法。执行罚球点球决胜负需依据以下程序:

(1) 裁判员以掷硬币形式决定执行罚球点球决胜负的球门及罚球顺序,猜中一方决定罚球门球的球门,第二次掷硬币猜中方决定先踢或后踢。

(2) 双方参加罚球点球人数须一致。如果比赛结束,罚球点球决胜负前,一队人数多于另一队,则人数多的一方须减去多出的人数。

(3) 比赛结束时,在场上或暂时离场(队员受伤离场处理或整理装备)的队员可以参加罚球点球决胜负。

(4) 如在罚球点球决胜负前,守门员无法继续比赛,若该队未使用完换人名额,可更换守门员,但此次被替换下场的守门员不能踢球。

(5) 各队自行安排踢球顺序,无须告知裁判员顺序。

(6) 每次应由不同的队员踢球,直至符合资格的球员均踢过一次后可进行第二轮,新的一轮可调整顺序。

(7) 如果在执行罚球点球决胜负期中,队员离开比赛场地,不能按时回到罚球点球决胜负中,则罚球点球决胜负不能因此而推迟,该队员视为弃权(即球未进)。

第三章　足球裁判工作方法

本章提要：本章对足球裁判员在工作过程中的职业道德、临场工作方法提出了具体要求，并对裁判员在比赛中的哨音、手势，助理裁判员的旗示，裁判员、助理裁判员的跑位路线、方法进行了阐述，也对比赛中的监督、裁判长的工作内容和职责进行了阐述，为组织校园足球比赛提供了参考依据。

第一节　裁判员的职业道德

裁判员是体育竞赛中的执法者。他们不仅要熟悉规则，有技术、技能，更重要的是要具备优良的职业道德和敬业精神，要注重思想建设，公正准确地做好裁判工作。足球运动是一个体育项目，深受广大群众的喜爱。它的影响力已远远超出体育的范畴，成为社会主义精神文明建设和实践社会主义核心价值观的组成部分。足球比赛需要足球裁判员，其职业道德水平直接影响一场比赛的观赏性和比赛结果的客观公正性，进而影响社会主义精神文明建设。在全国足球职业联赛中，若裁判员执法得当、比赛结果正常，则群众振奋；若裁判员执法不当、比赛结果不正常，则易诱发社会问题。在世界历史上，这样的典型事例是不少的。实践证明，足球裁判员不仅要从业务角度，更要从社会主义精神文明建设的高度来认识职业道德的重要性和加强自身职业道德修养的必要性，从而在临场执法中以高度的政治责任感吹好每一声哨，引导比赛健康顺利进行。

一、职业道德概述

(一) 道德

道德就是人们共同生活及其行为的准则和规范。道德不是法律、规则,而是依据人们生活的不同时代,对在人与人、人与集体的交往中所表现出来的善与恶、美与丑、荣与辱等行为,按时代的概念和社会规范给一个人鉴别出来的行为结论。例如,依据裁判员在场上执法时的形象、水平、公平程度以及他平时在群众中的言行,人们对他就有个社会评价。如果他超越或违背了时代的精神、裁判员的行为准则,人们对他就有一个坏的印象;如果他表现出高超技能和较高的思想觉悟以及公正的判罚,那么人们对他就有一个好的评价。

(二) 职业道德

职业道德就是指从事一定职业的人们在职业活动中所必须遵循的行为准则和规范。不同职业的准则和规范不同,职业道德要结合职业的特点形成职业的道德意识和标准,人们要在实际工作中践行职业道德。例如,一名售货员应"百拿不厌,百问不烦",如果他反其道而行之,一拿就厌、一问就烦,人们就会说他缺乏应有的职业道德。作为一名裁判员要遵守的起码的职业道德就是要公正、准确。如果裁判员在场上故意偏袒一方,那就是缺乏起码的职业道德,广大观众就不会让他当裁判员。

二、裁判员的职业道德准则和规范

在我国社会主义历史条件下,裁判员的职业道德准则和规范集中体现在《裁判员守则》中,它是社会主义的基本特点和要求与体育领域中裁判工作实际相结合的产物,是每名裁判员必须遵守的行为准则和规范。为了有助于加深理解和自觉执行裁判员的职业道德,结合足球裁判工作实际,本节着重从以下几个方面展开分析。

（一）积极维护足球竞赛规则的基本精神

国际足球联合会制定的《足球竞赛规则》是裁判员临场执法的准绳,虽有十七章和很多条款,但概括起来其基本精神有四条:一是对等的原则,即对比赛双方一视同仁;二是保护运动员的健康;三是促进足球技战术的发展;四是提高比赛的观赏性。

由于《足球竞赛规则》对运动员的各种行为表现和错综复杂的外来干扰,没有也不可能一一列入,所以裁判员在工作中不仅要执行规则的条文,而且要从维护规则基本精神的角度去提高裁判员"认为"的准确性和处理比赛中出现的意外情况,从而促进足球运动的发展,赢得广大运动员、教练员和观众的欢迎。

（二）自觉执行"严肃、认真、公正、准确"的八字方针

"严肃、认真、公正、准确"的八字方针是裁判员职业道德的核心内容,裁判员在工作中必须自觉执行。严肃,就是在思想上要正确认识裁判工作的重要性和严肃性,一言一行都要有利于社会主义精神文明建设,有利于足球运动的发展,有利于引导比赛的顺利进行;认真,就是要有一个认真的工作态度,树立为比赛、为运动员和为观众服务的意识,兢兢业业、一丝不苟地做好各项工作;公正,就是要出于公心,以事实为依据,以规则为准绳,秉公执法、不徇私情、不感情用事;准确,就是要提高判罚的准确性,力求不出或少出错、漏判,应该是什么判什么,反对判什么是什么。"八字方针"是既有区别又有联系的一个整体,其核心落实在判罚的准确性上,准确也是衡量裁判员职业道德水平高低的最重要标准。

（三）团结协作、艰苦奋斗

一场比赛中尽善尽美的裁判工作,不仅仅是场上裁判人员的个人行为,还需要场下组织领导、赛场管理、球迷和球队、宣传和报道、公安和交通等多方面的支持和配合。所以裁判员要有一个全局的观念,发扬团结协作精神,相互谅解,相互支持,相互配合,这样才能更好地完成裁判任务。裁判工作是一项光荣而又艰苦的事业,其中的酸甜苦辣,唯有从事过裁判工作的人才有切身感受。因此,裁判员必须发扬艰苦奋斗的精神,不怕压,不怕哄,不怕打,不怕累,这样就能成为一个称职的裁判

员。

（四）廉洁奉公、严格执法

廉洁奉公是裁判员应该具备的一种美德。尤其是在当前市场经济大潮的影响下，提倡廉洁奉公更是有着十分重要的现实意义。严格执法最主要的一条就是要严格执行规则的精神和条文。提倡什么、反对什么、处罚什么，要立场坚定、旗帜鲜明。实践证明，凡廉洁奉公者，才能严格执法；而唯有严格执法者，才能体现出裁判员高尚的职业道德。

三、职业道德的临场体现

规则赋予裁判员的职责是非常权威的。裁判员要吹好每一声哨应做到以下几点：

（一）"四严"

严于律己：裁判员是执法者，应该严格要求自己，经常三省吾身，要有自重、自尊、自强、自立的精神，教育别人的同时先进行自我教育。

严格执法：执法中要全面准确地执行规则精神和条文，对那些非体育行为、严重犯规和暴力行为不能手软，"严"才能防患于未然。

严肃认真：对工作认真负责、满腔热忱，对技术要精益求精，不受任何干扰，不谋私利，不感情用事，以规则为准绳去执行工作。

严格管理：熟悉规则、规程、纪律及赛场的各项规定，并对赛场内外严格管理以保证比赛顺利进行。

（二）"四公"

公正准确：要成为广大观众和球队诚实可信的裁判员，必须公正准确地判罚——就是以规则为准绳、以事实为根据做到不偏不倚，只有判准了才能体现公正。

公平合理：规则对双方是对等的，执法过程中要从实际出发，实事求是地进行判罚。

公而忘私：裁判员在场上要把个人的一切抛在脑后，心中只有队员和规则，不图名，不贪利，切实做到廉洁奉公。

公开透明：足球比赛中，有懂规则的球迷、队员和教练等，裁判员所吹的每一声哨都要在光天化日之下接受检验，所以裁判员的判罚是公开透明的，这对裁判员严格执行规则提出了很高的要求。

（三）"四良"

良好的职业道德：裁判员的言行、仪表、判罚、态度、情感在场上都能体现出职业道德水平，所以要注意自己各方面的表现。

良好的文化修养：裁判员在场上是教育者，在工作之余应不断加强自身的文化修养，扩大知识面，提高政治素质，培养良好的品德。在教育别人的同时，不断提高自身的思想文化和修养水平。

良好的工作作风：执法严谨，跑动积极，具有艰苦奋斗、任劳任怨的精神。

良好的身体素质：作为一名足球裁判员要有良好的身体素质，要坚持全年锻炼身体，在执行工作中才能有良好的身体保证。

四、提高裁判员的职业道德水平

（一）培养热爱裁判事业的真挚感情

中国足球冲出亚洲、走向世界是全国人民的期望，也是我们足球界的奋斗目标。为实现这一目标我们几代人已经奋斗了许多年。广大足球裁判员有责任、有义务为实现这个宏伟目标贡献自己的才智和力量。从事裁判工作能够培养和锻炼工作能力、组织能力、克服困难的勇气以及提高自身的道德修养。因此，只有认清裁判工作的意义和作用，才会对裁判工作产生深厚的感情，才能更加热爱裁判事业，自觉地把裁判工作同迅速提高我国足球运动水平联系起来，同提高我国在国际上的威望联系起来，富有勇气和信心地去克服各种困难，努力钻研业务，不断提高职业道德水平。

(二) 加强道德修养

道德修养是人们进行"自我教育"和"自我改造"的过程中在意识和行为方面进行的道德上的自我锻炼,以及由此达到的道德境界。它突出地表现为道德的自觉性特点。这种道德的自觉性表现在人们自觉遵守道德准则与规范,调整人们的道德行为,履行道德义务。一个人职业道德水平的高低,在很大程度上取决于道德修养的自觉程度。看一个人道德水平的高低,不仅听其言,更重要的是观其行,特别是在个人独自活动无人监督的情况下,能否保持言行一致、表里如一,能否正确处理个人与他人、个人与集体的关系,能否始终保持高尚的情操和品质。因此,裁判员要自觉地按照职业道德的准则和规范进行"自我教育"和"自我改造"。俗话说:"场上一分钟,场下百日功。"加强道德修养就需要我们在长期的日常生活和工作中从一点一滴做起,从我做起,加强修养,提高自我调节、自我控制的能力。

(三) 培养锻炼裁判员的职业意志

裁判员的职业意志是指裁判员在裁判的实践中、用坚强的信念和顽强的毅力、以大无畏的精神去克服裁判工作中所遇到的各种困难和挫折的一种品质。只有意志坚强的人才能排除干扰、战胜困难,从而创造出优异的成绩。而意志薄弱的人,往往遇事优柔寡断、患得患失,很难在事业上有所成就。因此,作为一名足球裁判员要在实践中经得住来自上下、左右等各方面的干扰、压力和指责,要刚直不屈、不畏权势、不徇私情,始终坚持严格执法,这样才能不断增强职业意志。

(四) 勇于实践

实践是提高职业道德的基础,人们只有在改造客观世界的实践中才能改造自己的主观世界。作为一名足球裁判员,只有积极参加裁判工作,从执法的实践中进行自我剖析,总结成功的经验和失败的教训,认识自己的长处和短处,才能提高思想觉悟和道德水平,才能自觉地用职业道德的标准来指导自己的实践,逐步成为一名优秀的裁判员。

为了提高裁判员的职业道德水平,达到动机和效果的统一,还需注意以下四个要素:

第一，要有敏锐的观察能力。要扩大视野，综观全场，使场上场下的运动员、教练员、工作人员及助理裁判员都在你的视野管理之下。

第二，要有快速的判断能力。要能对场上运动员的行为作出迅速的反应，作出判与不判的选择。

第三，要有动用规则的能力。裁判员既要熟读熟记规则，更要在比赛中准确地运用规则，以利于识别、判罚犯规动作并对场上发生的一切问题按规则进行处理。

第四，要有处理问题的能力。裁判员是一场比赛的组织者和领导者，要不断提高领导水平和组织能力，谦虚谨慎，不断改进工作方法。

总之，作为一名裁判员要吹好每一声哨就必须做到不偏哨、不找哨、不冒哨、不漏哨和不误哨。

第二节 裁判员临场工作方法

一、赛前准备工作

（一）准备会的内容

（1）分析比赛形势，了解比赛双方的情况。比如比赛的方式、方法，如何积分、排名，两队以前有没有什么过节，两队的打法特点，两队突出队员的特点、习惯等。

（2）了解教练员、工作人员、个别队员的特点以及采用的方法和对策。

（3）了解助理裁判、第四官员的习惯和工作的特点。

（4）根据第四官员的习惯和特长，明晰其应该管理的范畴和比赛中应该记录的内容，以及赛后第四官员如何与裁判员进行核对记录。

（5）场上与助理裁判员、第四官员如何分工配合。配合的地方包括以下几点：

① 球出界的配合、掷界外球的配合。

② 越位的配合。

③ 任意球的配合。

④ 判罚球点球的配合及罚球点球的配合。

⑤ 裁判员视线以外的配合。

⑥ 换人的配合。

⑦ 比赛时间的配合。

⑧ 助理裁判员协助裁判员处理犯规的配合、罚球区犯规协助的配合、特殊进球的配合。

⑨ 处理伤员的配合。

⑩ 重大及突发事件的配合。

(二) 临场赛前工作

比赛前一天裁判员应认真检查比赛场地,特别是场上的线、区、球网、角旗。同时,还要检查气压表、平衡称、皮尺、打气筒、换人牌、手旗、球(多球)、秒表等器材。另外,还要弄清有无开球仪式、升旗、开幕式、官员讲话等。如果有开球仪式,须做好组织、协调工作。

二、赛中的工作

(一) 助理裁判员的工作内容

每场比赛应委派两名助理裁判员,他们的职责(由裁判员决定)应为出现下列情形之一时的示意:

(1) 当球的整体越出比赛场地时。

(2) 应由哪一队踢角球、球门球或掷界外球时。

(3) 可以判罚处于越位位置的队员时。

(4) 当要求替换队员时。

(5) 当发生裁判员视线外的不正当行为或任何其他事件时。

(6) 无论何时,队员犯规发生而助理裁判员比裁判员观察角度更好时(特别是这种犯规情况发生在罚球区内)。

(7) 当罚球点球时,在球被踢之前守门员是否向前移动,以及球踢出后是否进门。

(8) 当犯规或不正当行为发生在裁判员视线以外时。

此外,助理裁判员还应该依据竞赛规则协助裁判员处理好赛场上的其他工作。如遇突发事件,靠近事件一侧的助理裁判员应及时进入场内协助裁判员进行管理,另一名助理裁判员应观察事态发展并记录有关细节。在特殊情况下助理裁判员可进场协助裁判员控制好9.15米的距离。

(二)第四官员的工作内容

(1) 根据竞赛规程,在规定时间内,将表格及参赛证收回核对(如检查队员的比赛资格、队员姓名与报名号是否相符)。

(2) 赛前检查担架(两副)及担架员、救护车情况。

(3) 负责双方替补席上教练员、运动员、官员的管理。

(4) 负责比赛中的进球时间、队员号码、被罚红或黄牌队员以及时间和队员号码(上半场、下半场结束与裁判员核对)的登记。

(5) 负责队员受伤后的处理,如需接受护理应命令担架快速进场。

(6) 负责受伤队员治疗后进场时的管理。

(7) 负责队员整理装备后进场时的管理。

(8) 负责队员受伤流血时的管理。

(9) 罚球点球时管理好场边双方替补席上的人员。

(三)中场开球工作内容

国际足联对足球比赛开球作出了详细规定。

(1) 所有队员应在本方半场内。

(2) 开球队的对方队员,应距球至少9.15米(10码),直到比赛进行。

(3) 球应放定在中心标记上。

(4) 裁判员发出信号。

(5) 当球被踢且明显移动时,比赛即为开始。

(6) 开球队员在球未经其他队员触及前,决不允许再次触球。

(7) 某队进球得分后,由另一队开球。

中场开球时裁判员应该注意的问题有:

(8) 守门员是否站好位置。

(9) 裁判员选好自己的位置。

(10) 开球进行时,要迅速调整好时间。

(11) 鸣哨后双方队员是否有违规情况。

(12) 中场开球是否直接得分。

(四)坠球情况介绍

坠球是在比赛进行中因竞赛规则未提到的原因而需要暂停比赛之后、重新开始比赛的一种方法。

(1) 任何队员都可以参与争抢球(包括守门员)。

(2) 坠球时,没有规定参与争抢球的最多或最少人数。

(3) 裁判员不能决定谁可以或不可以参与坠球争抢。

(4) 坠球不得直接踢入对方或本方球门。

(5) 裁判员在比赛停止时球所在的地点坠球(除非比赛在球门区内暂停,以坠球重新开始比赛,应在与球门线平行的球门区线上,在比赛停止时距球最近的位置坠球)。

发现下列情形中的任一行为应重新坠球:

(6) 如果球在接触地面前被队员触及。

(7) 如果球在接触地面后未经队员触及而离开比赛场地。

(五)罚任意球工作程序

无论是直接任意球还是间接任意球,罚球时必须将球放定。罚球队员在球未经其他队员触及前不得再次触球。

1. 在罚球区内罚任意球的相应规定

(1) 属于守方的直接或间接任意球:所有对方队员距球至少9.15米(10码),所有对方队员应站在罚球区外直到比赛进行,当球被直接踢出罚球区比赛即为进行,在球门区内获得的任意球可以在球门区内任何一点执行。

(2) 属于攻方的间接任意球:所有对方队员距球至少9.15米(10码)直到比赛

进行,除非他们已站在本方球门柱之间的球门线上;当球被踢并移动时比赛即为进行;在对方球门区内获得的间接任意球时,应在与球门线平行的球门区线上距犯规发生地点最近的位置踢出。

2. 在罚球区外罚任意球的相应规定

(1) 所有对方队员距球必须至少 9.15 米(10 码)直到比赛进行。

(2) 当球被踢并移动时比赛即为进行。

(3) 可在犯规发生地点踢任意球,或在犯规发生时比赛球的其他地点(根据犯规情况确定)。

3. 特别注意的情形

(1) 如果队员决定快速踢出任意球,而在距球不足 9.15 米的一名守方队员将球截获,裁判员应允许比赛继续。

(2) 如果队员决定快速踢出任意球,而在距球很近的一名守方队员故意阻止其踢球,裁判员应警告守方队员延误比赛恢复时间。

(3) 如果当守方在本方罚球区内罚任意球时,一名或多名对方队员仍然滞留在罚球区内,因没有足够时间离开罚球区而守方队员想快速踢出任意球,裁判员应允许比赛继续。

4. 在对方罚球区附近罚任意球时需注意的情形

(1) 鸣哨判罚后,罚任意球队员要迅速到达犯规地点。

(2) 裁判员在作出罚任意球时,手势示意一定要清晰。

(3) 竞赛规则鼓励快攻,当球队选择快罚任意球时,不一定要求守方退至 9.15 米外。

(4) 当攻方提出要求守方退出 9.15 米时,裁判员应要求攻方队员听其哨声恢复比赛(听哨声就不能再鸣哨)。

(5) 助理裁判员应注意守方是否出现越位。

(6) 裁判员应观察清楚直接任意球直接进球与否。

(7) 裁判员应注意观察清楚踢任意球队员是否违规(连踢或移动)。

(六)罚球点球工作程序

(1) 球应放定在罚球点上。

（2）确定主罚球点球的队员。

（3）防守方守门员应停留在本方球门柱间的球门线上，面对主罚队员，直至球被踢出。

（4）除主罚队员外的其他队员应处于以下位置：

① 比赛场地内。

② 罚球区外。

③ 罚球点后。

④ 距罚球点至少9.15米（10码）。

（5）裁判员应在主罚队员处于规则规定的位置后发出执行罚球点球的信号，并作出罚球点球完成后的决定。

（6）罚球点球的程序如下：

① 主罚队员向前踢出球点球。

② 在其他队员触球前主罚队员不得再次触球。

③ 当球被踢并向前移动时比赛即为进行。

（7）在比赛进行当中，以及在上半场或全部比赛结束而延长时间执行或重新执行罚球点球时，如果球在越过球门柱间和横梁下之前遇到这样的情况，应判定得分：该球触及任何一个或连续触及两个球门柱、横梁、守门员。

（8）由裁判员决定罚球点球的结束时间。

（七）掷界外球程序

掷界外球是足球比赛中重新开始比赛的一种方式。

（1）在掷出球的一瞬间，掷球者应做到以下几点：

① 面向比赛场地。

② 任何一只脚的部分站在边线上或站在边线外的地上。

③ 使用双手将球从头后经头顶掷出。

（2）所有对方队员距离掷球者所在地点不能少于2米。

（3）当球进入比赛场地，比赛即为进行。

（4）将球掷出以后，掷球队员在其他队员触球前不得再次触球。

（5）掷界外球时裁判员需注意以下问题：

① 要明确指出掷界外球的方向和地点,并注意掷球者的掷球地点是否合规(有标志性的地方一定要掌握好)。

② 看掷界外球者的动作是否符合规则要求时,一般情况下,裁判员看上身动作,助理裁判员看脚下动作(是否进场、双脚有否离地)。

③ 助理裁判员观察球是否进入场内。

④ 明确掷界外球不能直接得分。

(八) 踢球门球工作程序

(1) 由防守方从球门区内的任何一点踢球。

(2) 对方应在罚球区外直至比赛进行。

(3) 罚球队员在其他队员触球前不得再次触球。

(4) 当球被直接踢出罚球区,比赛即为进行。

(5) 罚球门球时,裁判员需要注意以下几点:

① 球是否在球门区内及是否放定。

② 观察球是否踢出罚球区。

③ 球出罚球区主罚球员是否有连踢情况。

④ 明确球门球没有越位限制。

⑤ 明确球门球可以直接射向对方球门而得分。

(九) 踢角球工作程序

(1) 必须将球放在离球出界处最近的角旗杆的角球弧内。

(2) 不得移动角旗杆。

(3) 对方应在距角球弧至少 9.15 米(10 码)以外,直至角球被踢出。

(4) 必须由攻方队员踢球。

(5) 当球被踢并移动时比赛即为进行。

(6) 踢球队员在其他队员触球前不得再次触球。

(7) 角球可以直接射入对方球门而得分。

（十）出示红、黄牌程序

1. 出示黄牌的情形

如果队员违反下列七种犯规中的任何一种，将被警告并被出示黄牌。

（1）犯有非体育行为。

（2）以语言或行动表示异议。

（3）持续违反规则。

（4）延误比赛重新开始时间。

（5）当以角球、任意球或掷界外球重新开始比赛时，不退出规定的距离。

（6）未得到裁判员许可进入或重新进入比赛场地。

（7）未得到裁判员许可故意离开比赛场地。

当一名队员因不正当行为被警告时还有多种不同的情形。例如，如果一名队员出现了下列行为之一时也将被出示黄牌警告：

（8）违反了以鲁莽的方式进行比赛这一条款，应判罚直接任意球的7种犯规之一。

（9）为达到战术目的而干扰或破坏对方的有利进攻。

（10）为达到战术目的而拉扯对方队员，将对方队员从球旁拽到一边或者阻止对方队员得到球。

（11）用手阻止对方队员得到球或阻止对方进攻（守门员在本方罚球区内除外）。

（12）用手击球试图得分（不管是否得分）。

（13）用假装受伤试图欺骗裁判员或假装被对方犯规（假摔）。

（14）比赛中与守门员互换位置或未经裁判员同意。

（15）表现出一种对比赛不尊重的行为。

（16）在得到裁判员允许离开场地前踢球。

（17）在比赛中或在恢复比赛时用语言干扰对方队员。

（18）未经允许在场地内做标记。

（19）在比赛中，队员故意施诡计，用头、胸或膝盖等部位传球给本队守门员以逃避规则相关处罚条款,无论守门员是否用手触球,该队员行为是企图利用规则造成的犯规。

2. 出示红牌的情形

队员在比赛中违反下列条款之一时,将被出示红牌:

(1) 严重犯规。

(2) 暴力行为。

(3) 向对方或其他任何人吐唾沫。

(4) 用故意手球破坏对方的进球或明显的进球得分机会(不包括守门员在本方罚球区内)。

(5) 用可能被判为任意球或罚球点球的犯规,破坏对方向本方球门移动着的明显的进球得分机会。

(6) 使用有攻击性的、侮辱性的或辱骂性的语言及动作。

(7) 在同一场比赛中得到第二次警告。

3. 出示红、黄牌的注意事项

(1) 根据队员的犯规情形或程度,裁判员作出出示红、黄牌的决定。

(2) 被作出罚牌的队员必须迅速到达犯规地点。

(3) 根据犯规性质及情况掌握出牌时机。

(4) 队员有报复倾向要及时制止。

(5) 及时制止队员有语言上的不良行为(如针对对方或裁判)。

(6) 双方有多名队员的群殴,要看清参与队员的号码、动手情况,以便写报告。

(7) 出牌时应与犯规球员保持一定距离,将红牌或黄牌高举过头,让全场观众、官员、教练员、双方队员全看得清楚。

(8) 不在人群中出牌,不错拿牌,不要追着队员出牌,不必专门叫队员过来出牌。

(9) 出牌后,必须记清队员号码、时间。

(10) 只要裁判员决定出牌,不管是黄牌、红牌,必须等到出牌结束比赛才能恢复进行。

（十一）通过罚球点球决定比赛胜负的程序

（1）裁判员投币选定用于罚球点球的球门（除特殊情况外）。

（2）裁判员投币，投币得胜的球队队长决定本队是否先罚球点球。

（3）裁判员对罚球点球做好记录。

（4）按照下列要求，两队应各踢5次。

① 双方轮流踢。

② 如果两队在踢满5次前，一队的进球数已多于另一队踢满5次时可能射中的球数，则不需再踢。

③ 如果两队均已踢满5次，双方进球数相同或均未进球，则按同样轮流的顺序罚球点球，直至双方踢球次数相同（无须踢5个球），而一队较另一队多进一球时为止。

④ 在罚球点球的过程中，场上守门员受伤不能继续比赛时，可在竞赛规程规定的最大限额内，由被提名而尚未使用过的替补队员进行替换。

⑤ 除上一条所述的情况，只有比赛结束时，包括在规定的延长期比赛结束时在场上的队员方可参加罚球点球。

⑥ 每次应由不同的队员罚球点球，直至双方符合资格的队员均踢过一次后，方可踢第二次。

⑦ 在罚球点球的过程中，符合资格的队员可以与守门员互换位置。

⑧ 在开始罚球点球决胜之前，裁判员必须确定留在中圈里的双方队员人数一致后再执行罚球点球。在罚球点球的过程中，只允许符合资格的队员和执法裁判员在场内。

⑨ 除罚球点球的队员和两名守门员外，其他所有队员必须在中圈内。罚球点球队员一方的守门员，必须在罚球区以外的球门线与罚球区线交汇处的比赛场地内。

⑩ 如果在比赛结束、罚球点球之前，某队的场上队员人数多于另一队，该队必须减去多出的人数与对方人数一致，并且该队的队长必须通知裁判员每一名出场队员的名字和号码。

除非另有规定，有关《足球竞赛规则》中的规定和国际足球理事会的决议在罚球点球决胜时同样适用。

（十二）有利条款的掌握

（1）当一个队犯规而根据有利条款能获利时，则允许比赛继续进行。如果预期的"有利"在那一时刻没有接着发生，则以最初的犯规判罚。

（2）裁判员应考虑下列情况以决定是先掌握有利还是将比赛停止：

① 犯规严重性：如果队员的犯规行为完全符合罚出场条款，除非随后出现了对方将要进球的机会，裁判员应停止比赛，将犯规队员罚出场外。

② 犯规时的地点：离对方球门越近，效果就越不一样。

③ 当时出现的机会，即对对方球门的威胁程度。

④ 比赛当时的气氛。

（3）裁判员在掌握有利情形后，判罚最原始的犯规必须在随后的几秒内作出。

（4）如果犯规行为符合警告条款，应在随后比赛暂停时执行。无论如何，除非出现明显的有利情形，一般有利情形需要裁判员去掌握。如果在随后比赛的暂停时间内没有警告犯规队员，就不要再对犯规队员出牌警告了。

（5）每次掌握有利条款，裁判员一定要给予手势示意，否则将作为一次漏判。

（6）掌握有利情形时必须全场尺度统一。

（十三）受伤队员的处理

1. 受伤队员的处理规定

（1）如果裁判员认为队员只受轻伤，则比赛可以继续直到比赛成死球。

（2）在比赛中，如果裁判员认为队员受重伤，则比赛应该停止。

（3）当询问受伤队员后，裁判员可允许一名最多不得超过两名医生进场查看伤情，并安排队员安全而迅速地离开场地。

（4）当医生要求尽快将队员移出球场时，担架手应同时抬担架入场。

（5）裁判员应确保受伤队员安全地离开赛场。

（6）受伤队员不得在场内进行治疗。

（7）任何因受伤而流血的队员必须离开赛场，直到裁判员认为流血被止住队员不允许穿有血渍的衣服比赛。

（8）当裁判员指定医生进场时，受伤的队员必须离开球场，不管是用担架抬出去还是走出去，否则将因非体育行为而被警告。

（9）受伤队员只有在比赛恢复后才能进场参加比赛。

（10）受伤队员在比赛进行中只允许从边线进入场内。死球时，则可从球场任何地方进入场内。

（11）在比赛进行中或在暂停时，只有裁判员可以决定是否允许受伤的队员入场。

（12）如果助理裁判员或第四官员向裁判示意受伤队员已经做好了进场准备，裁判员可以给出允许受伤队员进场的信号。

（13）假如比赛不是由于其他的原因停下来，或者队员的受伤并不是因违反足球竞赛规则造成的，裁判员应以坠球恢复比赛。

（14）裁判员允许在每个半场结束前，补足因处理受伤队员所延误的时间。

（15）当裁判员决定对一名已经受伤并准备离开比赛场地接受治疗的队员出牌时，应在该队员未离开场地前出示。

2.《足球比赛规则》规定的例外情况

《足球比赛规则》规定了一些例外的情况，例如出现下列情况之一时，无论当时场上情况如何，裁判员必须停止比赛，使受伤队员第一时间得到救治。

（1）当守门员受伤时。

（2）当守门员和场外球员发生冲突需引起马上关注时。

（3）当严重受伤发生时，如咬伤舌头、脑震荡或腿部骨折。

三、比赛结束后的工作程序

（1）裁判员应与第四官员以及助理裁判员仔细核对进球情况、被出示红或黄牌队员犯罚情况。

（2）裁判员应认真填好各种表格和报告，及时上交相关部门。

四、赛后总结的要求

比赛后的工作总结应注意以下几点要求：

(1) 比赛结果是否正确，包括进球有无意义。

(2) 错、漏判的战例及好的战例。

(3) 球点球的掌握情况。

(4) 有利情形的掌握情况。

(5) 越位判罚掌握的好坏。

(6) 黄牌、红牌是否执行得准确。

(7) 选位、跑位、活动范围及判罚距离、角度是否最佳。

(8) 信号是否准确、鲜明。

(9) 时间的掌握是否准确。

(10) 是否有漏旗、顶牛现象，并分析原因。

第三节 裁判员的哨声和手势

一、裁判员的哨声

（一）比赛进行中需要鸣哨的几种情况

（1）比赛开始。比赛开始包括比赛上、下半场的比赛开始，以及某队进一球后重新开始比赛，这个时候裁判员都要以哨声明示。

（2）停止比赛。在判罚任意球或罚球点球、比赛需要暂停或终止、当半场时间的比赛结束时，裁判员需以哨声明示。

（3）踢任意球或罚球点球。踢任意球时，在裁判员认为保证了规定的距离以后要鸣哨示意；罚球点球时，裁判员也应鸣哨示意。

（4）因下列原因停止比赛后而重新开始比赛时：

① 裁判员对不正当行为出示黄牌或红牌。

② 队员受伤。

③ 替换队员上场后。

（二）鸣哨的方法和要求

一般来说，裁判员鸣哨的要求是：在判罚及时准确的基础上，哨声清脆有力，强弱适度。如比赛开始、比赛时间终了的哨声应稍长，但也应适度，过长就会使人感到多余而讨厌。又如，判罚犯规的哨声，就应根据犯规的轻重程度有所区别：如系一般犯规，只需长短适中、清脆有力的一声哨即可；如出现粗野、严重的犯规，就以突发性的有力强音显示出规则不容触犯的威严，虽未使用语言，却要向犯规队员表达他的犯规够严重的这样一种示意。哨声本身就是要对犯规队员起到告诫作用。

减少不必要的哨声是裁判员在场上必须重视的一项艺术。要提高哨声的"威严感"，裁判员应首先自我"净化噪音"。有的裁判员在吹判犯规时，习惯于在鸣一声长哨之后连续不断地加以琐碎哨声。有的为了纠正踢定位球地点上一丁点儿差误，也是哨声琐碎、连绵不断，而且吹得震天响。这种多余的哨声，只会破坏比赛气氛，是极不可取的。

二、裁判员的手势

（1）罚间接任意球时的手势：单臂上举，掌心向前。此手势应持续到球被踢出后，并被场上其他队员触及或成死球时为止（见图3-3-1）。

图3-3-1　罚间接任意球时裁判员的手势　　图3-3-2　罚直接任意球时裁判员的手势

（2）罚直接任意球时的手势：手臂平举，指向罚球方向（见图3-3-2）。

(3) 掌握"有利"时的手势：双臂前举，手臂向前稍作连续挥动（见图3-3-3）。

图3-3-3　裁判员掌握"有利"时的手势

图3-3-4　裁判员出示红、黄牌时的手势

(4) 出示红、黄牌时的手势：应一手持牌直臂上举，面向被处分队员，有短暂时间的停顿，使场内外均能看清是对哪名队员进行处分（见图3-3-4）。

(5) 罚球门球时的手势：手臂指向球门区，要略下压（见图3-3-5）。

图3-3-5　罚球门球时裁判员的手势

图3-3-6　罚角球时裁判员的手势

(6) 罚角球时的手势：单臂斜上举，指向执行角球的角球区（见图3-3-6）。

第四节　助理裁判员的旗示

助理裁判员的旗示应有利于裁判员的观察，因此助理裁判员在沿边线往返跑动时，应习惯于灵活地换手持旗，使持旗的一臂朝向场内。没有旗示时，手旗应自然下垂；跑动时，持旗的一臂不应大幅度地摆动，以免造成裁判员的错觉。

一、助理裁判员的基本旗示

（1）越位时的旗示：面向场内，旗示上举（见图3-4-1）。裁判鸣哨以后，根据进攻队员的越位位置，指向远端、中间、近端（分别见图3-4-2a、图3-4-2b、图3-4-2c）。

图3-4-1　越位时裁判员的旗示

图3-4-2a　远端越位时裁判员的旗示

图3-4-2b 中间越位时裁判员的旗示　　图3-4-2c 近端越位时裁判员的旗示

（2）掷界外球时的旗示：旗示斜向上举，指向罚球方向（见图3-4-3）。

图3-4-3 掷界外球时裁判员的旗示　　图3-4-4 罚球门球时裁判员的旗示

（3）罚球门球时的旗示：旗示平举，指向球门区（见图3-4-4）。

（4）罚角球时的旗示：旗斜向下，指向角球区（见图3-4-5）。

图 3-4-5　罚角球时裁判员的旗示

图 3-4-6　替换队员时裁判员的旗示

（5）替换队员时的旗示：双手持旗，面向场内，举过头顶（见图 3-4-6）。

二、助理裁判员的协助旗示

除了助理裁判员的基本旗示外，经裁判员委托，助理裁判员也可以通过旗示向裁判员提供协助。如助理裁判员发现在自己附近范围内队员有犯规行为，而裁判员未察觉到时，助理裁判员可将旗上举并加摇晃动作。当裁判员见到旗示并令比赛暂停后，助理裁判员应将旗侧斜上举，指示踢任意球方向。再如，助理裁判员发现在自己附近的掷界外球或踢角球、球门球等有不符合规则情况时，应将旗上举并加摇晃动作，提示裁判员予以更正或另作判处。

第五节 裁判员与助理裁判员的跑位和选位

一、裁判员的跑位和选位的意义

现代足球运动的迅猛发展对裁判员的工作提出了更高的要求。在一场激烈的足球比赛中,裁判员要想在场上做出公正的、准确的判罚就需要多重因素的保障。选位与跑动作为足球裁判员的关键素质之一,需要裁判员能够高度认识其存在的重要性。合理、恰当、有效的选位和跑动可以帮助裁判员实现以下目标:

(1) 准确地观察、识别犯规现象及动作。

(2) 预防、杜绝非体育行为的出现。

(3) 控制、管理场上突发事件的发生。

(4) 引导、保障比赛的顺利进行。

(5) 展示自己的个性、气质。

二、裁判员的跑位和选位的重要性

现代足球运动的发展对裁判员的工作提出了更高的要求,裁判员的责任更为突出。裁判员要为提高比赛质量、促进技战术的发展、保护双方运动员的健康恪守职责。为了做到这一点,裁判员必须提高控制比赛的能力及判罚的准确性。积极的跑动、得当的选位是提高控制比赛能力及判罚准确性的重要因素。

裁判员的跑动与选位还体现出一个裁判员的风度。那种跑动迟缓、选位不当而经常影响比赛的裁判员,会给人们留下一种不舒服的感觉,他们的行为会引起运动员的不满,降低运动员对裁判员的信任感,为裁判员执法带来一定的困难。

三、现代足球运动对裁判员跑动与选位的要求

现代足球运动对裁判员的跑动与选位提出了如下要求:

(1) 耐力好。

(2)速度快。

(3)预见性。

(4)选好位。

(5)裁判员的选位要做到一快、二勤、三防止。

①"快"指裁判员反应要快。

②"勤"指裁判员脚步移动要勤。

③"防止"是指裁判员在移动中防止与双方队员位置重叠。

四、裁判员的跑动方法与跑动路线

(一)跑动方法

裁判员的跑动方法可分为正面跑、侧面跑、倒退跑。不论哪种跑动方法,裁判员跑动的基本要求是始终面向球,因为对方队员争夺的焦点是球。一般情况下,裁判员在球的进攻方向后面时采用正面跑,裁判员在球的进攻方向前面时采用倒退跑,裁判员在球的进攻方向侧面时采用侧向跑。由于场上情况变化无常,裁判员的跑动方法也要随之变化。

(二)跑动路线

目前,国内外均采用对角线裁判制,其基本要求如下:

(1)裁判员的位置保持在球的左侧后方距球10~15米,与助理裁判员保持密切的联系。

(2)裁判员所选的位置应避免与双方队员的位置重叠。

(3)裁判员不应影响队员的活动与传球路线。

(4)裁判员要快速通过中场。

对角线裁判制是沿球场的对角线方向活动,但并不意味着裁判员的活动不能离开这条线。裁判员应根据不同情况采用不同的跑动路线。根据目前国内外的不同跑动路线,我们可以将其归纳为四种:大S形跑、跟踪跑、小S形跑和直线跑。

（三）裁判员判罚后及时到达犯规地点的几种情况

赛场上出现下列情形之一时，裁判员应在判罚后及时到达犯规地点：

(1) 队员动作粗野或带危险性犯规时。

(2) 比赛中，双方犯规次数增多，比赛气氛紧张，出现侵人犯规时。

(3) 在罚球区附近守方犯规时。在罚球区附近攻方踢任意球时，攻守双方为了计较罚球地点而发生摩擦是常有的事。裁判员能及时到位，并明确指出罚球地点，组织好守方退至 9.15 米处，尽快恢复比赛，这样可避免不必要的纠纷。

(4) 罚球区内守方犯规被判罚球点球时。

(5) 在罚球区内双方人数较多，争夺激烈，当裁判员鸣哨判罚犯规后。

五、裁判员的定位球选位

(1) 比赛开始时裁判员的选位

中圈开球时，裁判员选位在开球队半场附近中线 2～3 米的边线外（见图 3-5-1）。

图 3-5-1　比赛开始时裁判员的选位

(2) 罚球门球时裁判员的选位

罚球门球时，裁判员应选位在中圈附近，观察罚球后球的移动情况（见图

3-5-2)。

图 3-5-2　罚球门球时裁判员的选位

（3）罚角球时裁判员的选位

罚角球时，裁判员应选位在罚球区外的左侧区域，注意能观察到助理裁判员（见图3-5-3）。

图 3-5-3　罚角球时裁判员的选位

（4）近端罚任意球时裁判员的选位

在前场罚任意球时，裁判员应选位在能观察到助理裁判员以及守门队员是否退到9.15米距离的地方(见图3-5-4a、图3-5-4b)。

图3-5-4a　近端罚任意球时裁判员的选位

图3-5-4b　近端罚任意球时裁判员的选位

(5) 远端罚任意球时裁判员的选位

远端罚任意球时，裁判员应选位在能观察到助理裁判员以及防守队员退到9.15米处、观察到队员是否越位的地方(见图3-5-5)。

图 3-5-5 远端罚任意球时裁判员的选位

(6) 中端罚任意球时裁判员的选位

中端罚任意球时,裁判员选位应在能观察到助理裁判员以及防守队员退到 9.15 米处、观察到队员是否越位的地方(图 3-5-6a、图 3-5-6b)。

图 3-5-6a 中端罚任意球时裁判员的选位

图 3-5-6b 中端罚任意球时裁判员的选位

（7）罚球点球时裁判员的选位

罚球点球时，裁判员应选位在罚球区内、球点球点的左侧前方。此处利于裁判员观察球是否放在点球点、守门员是否移动（见图 3-5-7）。

图 3-5-7 罚球点球时裁判员的选位

六、裁判员的跑动要领

裁判员在比赛场上的跑动行为突出表现为下列两种行为。

（一）选位

选位是裁判员在场上的一种跑动意识的体现。一名优秀的裁判员能够深入阅读比赛的规程，预见比赛的形式，判断比赛的争夺焦点，在最需要的时候出现在最佳的位置。

（二）抢位

抢位是裁判员在比赛场上的一种被动跟进的跑位方法。裁判员因比赛焦点的瞬间转换和特殊区域的原因，为避免其在跑动过程中过于"卷入"现实比赛中而不能够预先到达理想位置，为作出准确的判断而采取的一种被动跟进的方法。

（三）裁判员在比赛场上的跑动要求

裁判员在比赛场上的跑动要做到如下要求：

（1）选位第一，抢位第二，选抢结合。
（2）预见球的发展路线，快速通过中场区域。
（3）"死角"区域应做到"进退"自如。
（4）仔细观察比赛场上形势的变化，做到"勤移动""勤变换"。
（5）合理分配体能。

七、助理裁判员的跑动和选位

（一）助理裁判员的跑动方法

助理裁判员的跑动方法可分为后退跑、侧向滑步跑和向前跑三种。一般情况下运用后退跑、侧向滑步跑较多。这两种方法有利于助理裁判员保持面向场内、扩大助理裁判员的观察面，做到人球兼顾。

球在助理裁判员左侧方向活动或球与倒数第二名防守队员距离较远时，助理

裁判员应采用后退跑;球在助理裁判员对面方向活动或球与倒数第二名防守队员距离较近时,助理裁判员应采用侧向跑;当队员快速推进突破对方防线时,助理裁判员应采用向前跑。

(二)助理裁判员的选位

助理裁判员的选位有两种情况:一是在球活动中的选位,二是死球及恢复比赛时的选位。无论是哪一种情况下的选位,都应遵循下面几点原则:

(1)便于观察越位。

(2)便于观察球是否出界、进球门。

(3)便于协助裁判员执行规则。

助理裁判员在选位时要抓主要矛盾,即越位与进球。因为,越位的判断是否准确直接影响得失分。倘若攻方射门时不存在越位,就应快速跑到球门线观察球是否进门。

第六节 裁判长的工作内容

一、裁判长的工作职责

(1)全面负责赛区的裁判工作,制订《赛区裁判工作计划》和作息时间,解决赛区裁判工作中出现的各种问题。

(2)坚决贯彻教育部"廉洁、公正、严肃、认真、严格、准确"的工作方针,保证比赛公正进行。

(3)坚决贯彻执行教育主管部门有关竞赛和裁判工作的各项管理与纪律规定,提倡文明赛风,严肃赛风赛纪,净化赛场风气。

(4)加强赛区裁判员的思想政治工作和职业道德与纪律教育,加强对裁判员工作的指导和总结,努力提高裁判员的职业素质和业务水平。

(5)组织检查与竞赛和裁判有关的各项准备工作。如场地、设施、器材是否符合规定,竞赛与裁判工作所用表格是否齐全等。

（6）组织向参赛队宣讲《足球竞赛规则》和《全国学生体育竞赛纪律处罚规定（试行）》及有关要求。

（7）负责安排裁判员的裁判工作任务,确保比赛顺利进行。

（8）按要求对裁判员进行体能测试和规则、裁判法及相关内容的考试。

（9）在联席会上明确提出执法尺度和有关要求,检查、确认运动员报名表,核对各队比赛的服装颜色。

（10）负责裁判员生活和纪律管理,对违规违纪的裁判员及时向校园足球裁判委员会提交报告和处理建议。

（11）对赛区每个裁判员的职业道德修养和业务水平进行客观评估、排序。

（12）对赛区裁判工作中出现的问题和影响裁判工作正常进行的情况及时上报校园足球裁判委员会,争取尽快并有效解决。

（13）与赛区各部门协调工作关系,共同完成赛区任务。

（14）实事求是地向校园足球裁判委员会报告赛区裁判和竞赛工作情况。

二、裁判长的工作要求

（1）要本着对校园足球事业健康发展、对赛区裁判工作任务和对参赛队高度负责的精神投入工作。

（2）努力加强自身的政治和业务学习,不断提高自身的思想和业务水平,确实具备指导和培养裁判员的能力。

（3）严格履行裁判长的工作职责,积极开展工作,带领和指导裁判员高水平完成赛区裁判工作任务。

（4）在工作中及裁判员的任务安排上要坚持原则,不讲私情,出于公心,决不允许拿原则做交易。

（5）不得收受裁判员的任何钱、物和接受裁判员的宴请。

（6）对赛区裁判员要严格管理、严格要求,使赛区成为培养"德技双高"裁判员的培训班,树立足球裁判队伍的良好形象。

（7）以身作则,为人师表,做裁判员的楷模。

三、裁判长的工作程序

（一）赴赛区前的准备

（1）准备好赛区所需的各种资料，如比赛通知和裁判人员名单、足球竞赛规则、竞赛规程、校园足球裁委会制定的有关赛区所需的文件，以及比赛用的各种表格等。

（2）撰写有关材料，如裁判组的日程安排、工作计划、学习内容、理论考题、宣讲规则的文稿、联系会议的材料等。

（3）主动了解赛区参赛队的情况。

（4）主动了解赛区裁判员的情况，如跟踪培养情况、近期状态等。

（二）赴赛区报到

（1）向比赛监督委员会组委会报到，汇报裁判组的准备情况，了解赛区各项工作的准备情况。

（2）向裁判委员会汇报赛区各方面工作的准备情况。

（三）赛前的工作

（1）裁判长负责赛区全面工作，代表裁判组做好与组委会及有关部门的协调工作，组织好裁判员的思想教育、业务学习、身体训练、体能测试等工作。

（2）正、副裁判长之间要团结协作、分工明确。副裁判长应根据自身的特点，分管相关工作，如赛区裁判员的身体训练，赛区的资料管理，比赛所用的器材、表格的填写，赛区的生活管理等。副裁判长应当好裁判长的助手。

（3）向裁判员收验裁判员证书。

（4）全面、完善地制定裁判员在赛区的学习制度、生活管理制度，安排好工作、训练、业余生活。

（5）搞好思想教育和职业道德教育，树立公正意识和服务意识，整肃纪律。

（6）组织好赛区裁判员的业务学习，业务学习要求包括：

① 学习竞赛规程，加强理解。

② 学习竞赛规则(包括国际足联新修订的规则),结合全年执法的统一尺度、上年度裁判工作总结和本年度赛区裁判工作的情况,进行专题讲解和讨论。

(7) 搞好裁判员的身体训练和体能测试工作。体能测试必须严格遵守校园足球裁判委员会的规定及制定的标准。

(8) 参加组委会、联席会会议。裁判长在联席会议上要做的工作如下:

① 介绍裁判组各方面的情况。

② 根据全国(省)青少年校园足球工作领导小组办公室的有关规定提出工作要求。

③ 讲解竞赛规则的有关章节及统一判罚尺度。

④ 核实各参赛队的红、黄牌记录情况。

⑤ 确定赛前检查装备的时间、地点。

⑥ 比赛连续进行时对下一场比赛队伍准备活动提出要求。

⑦ 对技术区域和替补席提出要求,如对教练员指挥的规定、允许在替补席就座的人员规定、饮水的规定等。

⑧ 确定每场比赛的运动员的服装颜色,特别是守门员的服装颜色。

(9) 为提倡文明赛风和良好的体育道德,结合队伍实际情况,向运动队宣讲规则。

(10) 检查场地、器材。检查内容包括:

① 比赛场地和备用场地是否符合竞赛规则和竞赛规程的要求。

② 运动员和裁判员的休息室、通道是否符合竞赛规定。

③ 体育场馆软硬件设施和安全保卫情况。

④ 替补席、裁判席、监督席、医务担架及救护设备的配备情况。

⑤ 器材的准备情况,如比赛用球、气压表、气筒、手旗等器材的配备情况。

(11) 准备竞赛表格,如裁判员安排表、裁判员评估表、比赛成绩表、红黄牌记录表、赛区报告表等。

(四) 赛中的工作

(1) 结合赛中情况,抓住苗头,有针对性地继续加强对裁判员的思想教育和纪律要求,禁止裁判员同赛区比赛队来往和接触。

（2）根据选派原则，做好裁判员的执法选派工作。

（3）在赛中的联席会上总结前段工作的情况，提出下段工作的具体要求。

（4）认真组织好赛前准备会和赛后总结会。

（5）对每场比赛进行评估，分析原因，提出办法。

（五）比赛后期的工作

（1）做好思想及业务方面的总结。

（2）认真把握关键场次比赛裁判员的选派。

（3）听取裁判员的意见，写好赛区总结。

（4）正裁判长和副裁判长认真讨论、填写好校园足球裁判委员会有关赛区工作汇报表，于赛区比赛结束后的72小时内上报省校园足球裁判委员会办公室。

（5）填写审核红黄牌记录表、比赛成绩表，并报主管部门。

（6）根据规定搞好评选优秀裁判员工作。

（7）搞好裁判员赛区生活和各种待遇的处理工作。

（8）向赛区组委会领导征求对裁判组和裁判长工作的意见，并代表裁判组向大会各方面对裁判工作的支持表示感谢。

（9）认真填写裁判员工作手册。

（10）及时向省校园足球裁判委员会汇报赛区的裁判工作情况。

第七节　足球比赛监督及其他

一、比赛监督的角色定位

（1）比赛监督是指主办方的代表受联赛委员会委派，负责对赛区工作进行协调、指导和监督。

（2）比赛监督在工作中的所有行为都必须保持客观，要有高标准的公正、廉洁和公信力。

(3) 比赛监督是竞赛组织工作的实施者和报告者。

(4) 在严格执行竞赛规则、规程和纪律处罚条例下,比赛监督应该具有高水平的协调力和调解能力,做好相关的预防工作。

(5) 比赛监督是比赛组织工作的传授者,应指导承办赛事的地方单位不断提高竞赛组织水平。

(6) 比赛监督要确保赛事的顺利实施,不要轻易中止比赛。

二、比赛监督的工作职责

(1) 执行规程让比赛顺利完成是比赛监督的基本职责。

(2) 负责检查、协调、报告、评价比赛组织、比赛成绩、赛中事件、球队表现等赛区工作。

(3) 确保赛事的组织工作能够按照赛事相关组织规定严格执行。

(4) 所有的决定和行为都要确保能从客观和公正的角度实施。

(5) 严格按照联赛赛区开支标准的有关规定,负责裁判员的赛区报销事宜。

(6) 听取赛区组委会关于赛区工作、安保工作、主客队球迷组织安排工作等汇报,依据联赛委员会要求和有关规定,提出建议和要求。

(7) 对比赛场地进行检查,赛前对存在的问题提出改进要求。

(8) 依据联赛的商务规定,对场内广告进行赛前检查,赛前对存在的问题提出改进要求。

(9) 依据赛前联席会程序主持赛前联席会。

(10) 亲临现场,检查、协调比赛组织工作的落实,监督球队及各有关人员执行比赛程序及时间安排,及时协调解决出现的问题,随时与联赛委员会相关工作负责人保持联络。

(11) 对比赛进行监督,对赛区工作、裁判工作、球队表现、比赛公正性作出评定。

(12) 如果有条件可要求承办单位对比赛进行录像并收集当场比赛的完整光盘以备用分析。

(13) 联赛结束后,比赛监督要向联赛组委会递交一份工作总结,并对如何进一步加强和改善联赛管理提出建议。

(14) 对入场仪式提出要求。

(15) 提出与竞赛相关问题的要求。

三、比赛监督的工作要求

(1) 自觉遵守并监督裁判员严格执行有关纪律规定。执行任务期间不酗酒，不携带家属和他人，不擅离职守，不接受非公务来访，不接受球队宴请和礼金，不参与赌博，不参加高消费娱乐活动，维护比赛监督的职业道德和比赛监督的自身尊严。

(2) 不接受记者采访，不对比赛进行公开评论。

(3) 负责裁判监督和裁判员在赛区的管理，但不介入裁判的具体业务工作。

(4) 坚持原则，谦虚谨慎，尊重赛区委员会领导和赛区工作人员。

(5) 认真工作，客观进行监督和评定，保障比赛的顺利、有序、严肃和公正进行。

四、比赛监督的工作程序

(1) 赛前联系赛区，告知抵达时间，并初步了解赛区的准备工作。

(2) 抵达当天，根据需要向赛区组委会有关方面了解准备情况并进行必要的协调，向联赛委员会工作负责人通报有关情况。

(3) 赛前两天，开始赛区工作。

(4) 赛前一天，根据需要向承办赛事有关方面了解准备情况并进行必要的协调。了解、协调各队训练；主持赛前联席会，必要时可增加与会人员及会议内容。

(5) 比赛前检查体育设施和赛场广告。

(6) 督促裁判组召开工作准备会，如认为必要应亲自参加。

(7) 按倒计时程序，执行比赛监督任务，督促准时开赛。

(8) 赛前、赛中、中场休息如有问题及时与联赛委员会相关工作负责人通报情况。

(9) 赛后 30 分钟内，与联赛委员会相关工作负责人通报比赛情况。

(10) 赛后 60 分钟，填写《比赛监督传真报告表》（进球、红黄牌数据要仔细与裁判员核对）、《违规违纪报告》《赛区工作情况评定表》《裁判员评估报告》，督促裁判组填写裁判报表,一并通过传真上报上级相关部门。

(11) 在参赛队和观众全部撤离体育场后方可离开赛场,如果赛后有观众聚集在场外或街道,应等观众全部疏散后方可返回驻地,并在此期间,应加强与赛区安保组的现场管理和联系工作,并保持与联赛委员会相关工作负责人的联络。

(12) 对于比赛过程中或赛后出现的任何违规违纪情况,要积极收集证据并与裁判组核对后,认真、细致、公正地填发《违规违纪报告》(要附有照片和视频)。

(13) 督促并参加裁判员工作小结会。

(14) 每年联赛结束后的一周内,比赛监督要向联赛委员会递交一份如何进一步加强和改善联赛管理的书面报告。

五、比赛因故延期与中止的处理

(1) 比赛因被自动延时或暂停30分钟,应等待情况得到有效改善后重新开始,除非裁判员认定比赛可以提前开始或重新开始。

(2) 根据裁判员判断,如果他认为再延长一段时间可使比赛重新开始,则可再延长30分钟。

(3) 如果第二个30分钟结束后比赛仍未能得到恢复,裁判员必须宣布放弃该场比赛,并向体协和赛区组委会报告。

(4) 由比赛监督征求各方意见后决定在24小时内的何时、何地进行重赛或补赛。

(5) 对于中断的比赛,补赛从比赛中断时间起恢复,并补足时间。

六、赛前联席会

(1) 联席会议时间:一般情况在比赛前一天。

(2) 联席会议地点:赛区选定的会议室。

(3) 参加会议人员:主办单位主要负责人(如校园足球办公室负责人或学生体协赛区负责人)、承办单位负责人、比赛监督、裁判长、裁判员、参赛队领队、教练员、赛区竞赛负责人、安保负责人、体育场负责人(必要时可根据需要增加其他有关人员)。

第四章　五人制足球竞赛

> **本章提要**：本章根据国际足联颁布的最新《五人制足球竞赛规则》编写。通过本章的学习，我们来了解五人制足球竞赛的基本规则，学习五人制足球竞赛的裁判基本方法，掌握组织五人制足球竞赛的基本程序。

第一节　五人制足球竞赛规则分析

五人制足球比赛相比十一人制足球比赛更适合在场地较小的基层单位开展，甚至可以在篮球场、十一人制足球比赛场地的罚球区等场地进行。另外，以五人制竞赛规则为基础经过适当改变后，也可适用于三人制、四人制足球比赛。

一、比赛场地与比赛用球

（一）场地表面

比赛场地应根据竞赛规程来规定。室内比赛应该在表面平坦、光滑而不粗糙的场地上进行，并且场地表面最好是木材或人造材料铺设的地面。室外进行的比赛允许在平坦的天然草地、人造草地或土地以及其他不危及运动员身体健康的人造材料上进行，但应避免使用混凝土或柏油表面的场地(见图4-1-1)。

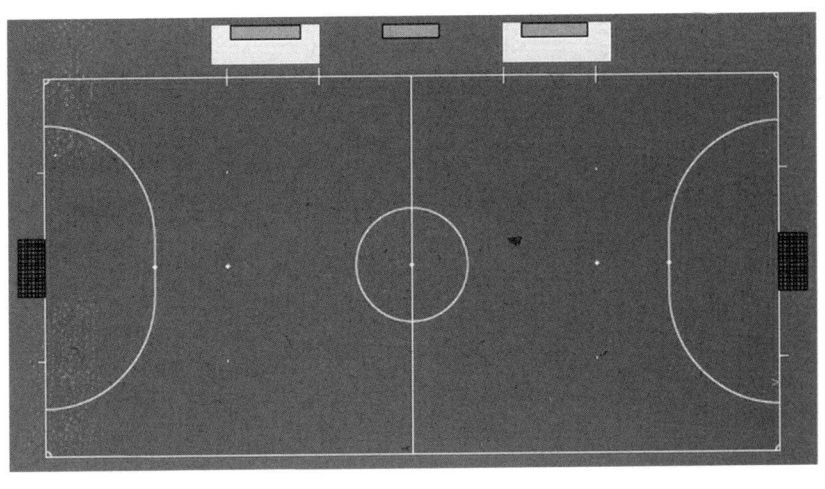

图 4-1-1　比赛场地

(二) 场地标记与度量

1. 场地标记

五人制足球比赛场地与十一人制足球比赛场地一样，必须为长方形，并且用线标明。这些画线属于其标识区域的一部分，必须清晰且明显区别于场地颜色。

五人制足球比赛场地同样有边线、球门线（也叫端线）、中线、中点、中圈（半径为 3 米）、角球弧（半径为 0.25 米）、罚球区线（禁区线）、罚球点，以及发角球防守队员限制线（在比赛场地外距离角球弧 5 米处垂直于球门线做一个标记，以保证在踢角球时防守队员能遵守规定的距离。此标记线的宽度为 0.08 米）和教练员的指挥区域。

五人制足球比赛场地和十一人制足球比赛场地不同的是五人制足球比赛场地不设球门区，但增设第二罚球点及其限制标志（在距两个罚球点左右 5 米处的场地上必须标明另外两个点作为标记，以保证在第二罚球点罚球点球时其他队员退后的距离要求，此标记的宽度为 0.08 米）。另外要增设替补区域标志线。

2. 场地度量

所有画线的宽度必须为 0.08 米。场地的尺寸在长 25～42 米、宽 16～25 米的范围内均可。国际比赛的场地度量标准为长 38～42 米、宽 20～25 米的范围内（见图4-1-2）。

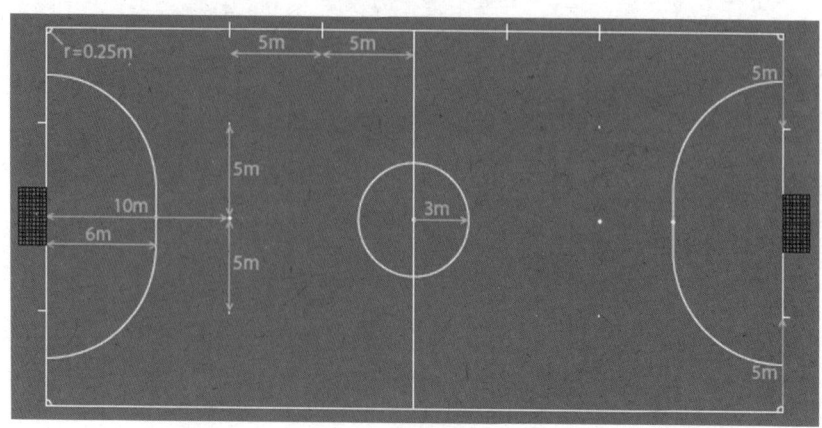

图 4-1-2 场地的度量

（1）边线：在比赛场地，较长的两条线叫边线。当球的整体从地面或空中完全越过球门线，即为判罚由对方掷界外球以恢复比赛。

（2）球门线：当球的整体从地面或空中完全越过球门线，可能会出现进球、角球、球门球的情况。两根球门柱（内侧）之间的距离是 3 米，从横梁的下沿至地面的距离是 2 米（见图 4-1-3）。当球的整体从两根球门柱之间、横梁下面完全越过球门

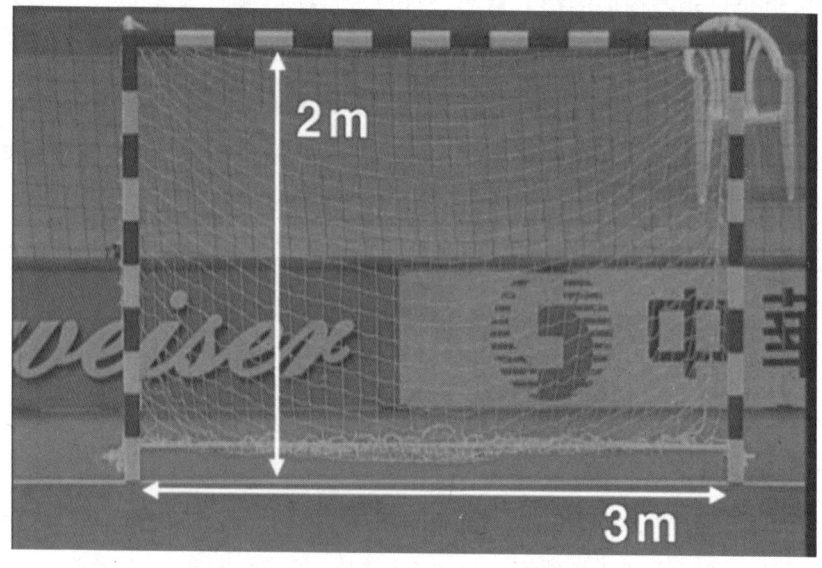

图 4-1-3 球门

线,即为进球。从两根球门柱外侧出界,且球的整体完全出界前,如果最后触及球者为守方,即判给攻方踢角球以恢复比赛;反之,则判给守方罚球门球恢复比赛。

（3）中线:中线将场地划分为两个半场。中场开球时,双方队员都必须在本方半场内。

（4）罚球区:五人制足球赛场地的罚球区与十一人制足球赛场地不同。五人制足球赛场地没有球门区,它只有一个从两球门柱的外沿以6米为半径自底线处向场内方向各画的一个四分之一的圆。另外,两个四分之一圆的上部与一段长3.16米的直线相连,此直线与球门线平行。由这些线和球门线围成的区域范围即为罚球区。垂直于球门线向场内6米处各标记一个罚球点,罚球点圆心直径为0.02米(见图4-1-4)。

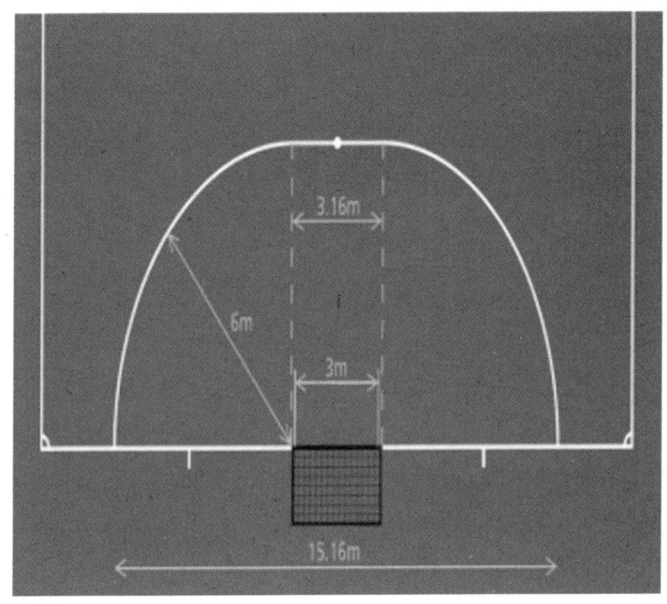

图4-1-4　罚球区

（5）第二罚球点:从两球门柱之间的中点,垂直于场内量10米做一个标记并等距于两球门柱,此点为第二罚球点,这个点的画法同罚球点。

（6）角旗、角旗杆:五人制足球赛场地不设置角旗和角旗杆。

（7）替换区:五人制足球赛场地必须设置专门的替换区域。替换区设在双方比赛队替补席前面的边线上(见图4-1-5)。

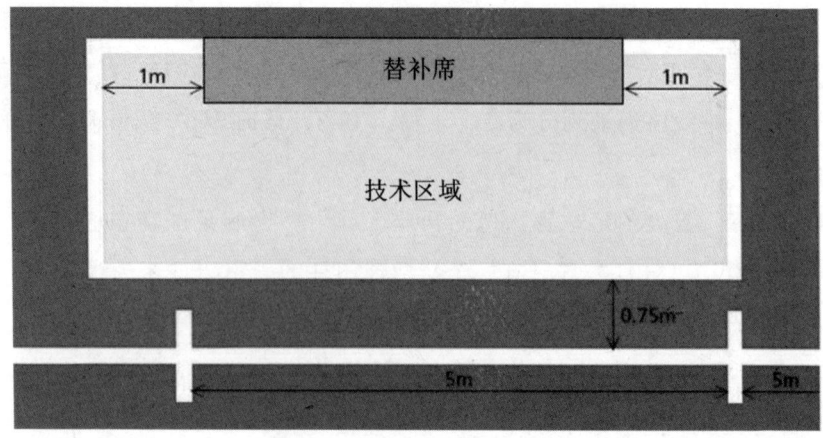

图 4-1-5　替换区和技术区域

（三）比赛用球

比赛用球为 4 号足球，其周长为 62～64 厘米，重量在 400～440 克之间，赛前气压为 0.6～0.9 个大气压（600～900 克/平方米）。如果球在比赛过程中破裂或损坏，则须停止比赛。在比赛中未经裁判员允许，不得更换比赛用球。

二、队员与队员装备

（一）场上队员人数

比赛开始时，应有两队参加，每队上场球员不得多于 5 人，其中每队必须有一名守门员。如果任何一队少于 3 人则比赛不能开始。在比赛中，任何一队在场上队员人数少于 3 人，比赛将被终止。

（二）替换程序

竞赛规程必须对替补队员的提名人数作出规定。业余性质的比赛、青少年比赛可以由主办方在赛前明确，但必须通知裁判员或双方参赛队达成一致。与十一人制足球比赛不同，五人制足球比赛中替换队员的次数不受限制。

在所有比赛中，无论他们在场与否，符合资格的替补队员名单必须在比赛开始前交给裁判员。名字没有出现在赛前提交给裁判员名单上的替补队员不得参加本场比赛,也不能在替补席就座。

除了暂停期间、上半场结束到下半场开始之间或者加时赛的上半场结束到下半场开始之间,其余任何时间无论活球还是死球,都可以替换队员;替换队员时不需要通知裁判员,除非遇有特殊情况,如队员受伤离场或守门员被红牌罚出场。

替换队员必须遵守以下规定:

(1)除特殊情况外,如队员受伤等,被替换的队员必须经由本队的替换区域离场。

(2)替补队员只能在被替换队员已经离场的情况才可以进入比赛场地。

(3)替补队员必须经由本队的替换区域进入比赛场地。

(4)当替补队员经由本队替换区域进入比赛场地即完成了替补程序。在此之前,他需要将替补球员的标志背心交给被替换队员,除非被替换的队员因为特殊情况在得到场上裁判员的许可后没有从替补区域离场。在这种情况下,替补队员应将标志背心交给第三裁判。从那时起,替补队员成为场上队员,而被替换的队员成为替补队员。被替换的队员可以再次上场参加该场比赛。

(5)如果每个半场比赛结束的那一刻,恰好同时出现了罚球点球、罚第二球点球或者没有人墙的直接任意球,那么比赛应该被延长,直到这个球罚完,这时只有防守一方的守门员允许被替换。

(6)守门员和其他队员一样,比赛中随时都可以替换守门员,既不需要通知裁判员也不必等待比赛成死球。

(三)违反替换程序的处罚方式

如果替补队员在被替换队员还未完全离场之前就进入比赛场地,或没有在本方的替补区域进入场地,则应根据下列情况给予处理:

(1)裁判员应停止比赛,但掌握有利时可不必立即停止比赛。

(2)裁判员应黄牌警告违反替补程序的队员,并令其离场后按照正确的替补方式重新入场。

如果裁判员因此停止了比赛,应由对方球队从比赛停止时球所在的位置上踢间接任意球恢复比赛。

（四）队员和替补队员被红牌罚令出场

场上队员在整场比赛开球前被红牌罚令出场，只可以从被提名的替补队员中选一人替换。赛前递交给裁判员的原始名单中不再增加新的队员。

凡在赛前递交给裁判员的名单中替补队员被红牌罚令出场，无论是在开球前或在比赛开始后，均不得增补。

和十一人制足球比赛不同，五人制足球比赛，当场上队员一旦被罚令出场，不得重新参加该场比赛，也不能在替补席上就座，该队员须离开比赛场地区域。但该队可在队员被罚出场满2分钟后，经计时员允许，补充队员入场。如在这2分钟内，其中一队有入球，则引用下列条款：

（1）如场上是五人对四人，较多人数一队入球，则四人的一队可补足第五名队员。

（2）如场上双方队员人数相等，虽有入球，两队都不补充队员。

（3）如场上是五人对三人，或四人对三人，较多人数的一队入球，则只有三人的一队可补充一名队员。

（4）如场上是三人对三人，虽有入球，两队都不补充队员。

（5）如场上较少人数的一队入球，则不补充队员。

（五）队员装备

队员的装备要以保护运动员为原则。场上队员不得使用、佩戴可能危及自己及其他队员的装备或任何饰物。运动员参加比赛的基本装备有：有袖子的上衣、短裤、护袜、护腿板、球鞋。如穿紧身内衣、紧身裤，其颜色应与上衣、短裤的颜色一致，缠绕在护袜外的胶带颜色须与球袜颜色一致。

比赛进行中，裁判员认为队员的装备不符合规则要求，比赛没有必要立即停止。该队员应在接下来的比赛中，场上出现死球时，离开比赛场地去调整装备。要求离场整理装备的队员在经裁判员或者第三裁判员的检查并得到其允许后方可再次进场。

三、裁判员与助理裁判员

（一）裁判员的职责

每场比赛由两名场上裁判员控制，即主裁判和副裁判。两名裁判员都应遵循竞赛规则及比赛精神，作出准确且符合规则精神的判罚。裁判员从进入比赛场地直至比赛结束均有权对场上队员和替补席上的替补队员进行纪律处罚，并可以对技术区域内的官员的言行进行管理，即可酌情将其驱逐出技术区域或场地周边区域，并确保未经批准的人员不得进入比赛场地或替补席。赛后裁判员须向主办方提交裁判员比赛报告或队员违纪报告等表格。报告内容包括比赛结果和任何针对队员或球队官员的纪律处分信息，以及任何其他赛前、赛中或赛后发生的意外事件。

裁判员在赛前应确保比赛用球、队员装备符合规则要求。比赛进行中要记录进球、纪律处罚的时间和比赛成绩；对赛中出现的突发情况作出及时的决定，如是否因外界的人为或自然因素干扰而停止、中断或终止比赛。裁判员应遵循保护运动员身体健康的原则，赛中须对队员受伤程度作出一定的伤情评估：如果认为是重伤，应停止比赛并确保受伤队员离场处理伤情；如果认为队员只是受轻伤，则允许比赛继续进行直到停止，然后令受伤队员到场外接受护理，此时该队员的同队队员可以替换他入场。

（二）助理裁判员的职责

五人制足球比赛委派的助理裁判员分别为第三裁判员与计时员。他们的主要职责是协助场上裁判员共同控制比赛、完成比赛任务，但最终的判罚则是由裁判员来决定。他们的位置在比赛场地外、两队替换区同侧接近中线处。计时员应就坐于计时台处，第三裁判员或就座或站立行使职责。

1. 第三裁判员的职责

第三裁判员要协助两名场上裁判员和计时员，记录参加比赛队员的现场情况，在裁判员的要求下监督比赛用球与球的更换。当某队官员（领队或教练员）请求暂停时通知计时员。在计时员发出不同于场上裁判员的声音信号通知裁判员和球队准许比赛暂停的情况下,裁判员给出暂停信号,并记录暂停请求情况。第三裁判员要记录每个半场比赛中场上裁判员示意的每队累计犯规次数,记录任何被警告或罚令出场队员的姓名、号码和时间。在各半场比赛开始前向每队递交暂停申请卡(见图 4-1-6),以便于各队可以据此提出暂停要求,并在各半场比赛结束时收回没有提出暂停请求的球队暂停申请卡。

FIFA
For the Game. For the World.

TIME-OUT
暂 停

图 4-1-6 暂停卡

当某队有队员被红牌罚令出场时,助理裁判员应递交给两支球队官员各一份表单(图 4-1-7),上面注明什么时间该队一名替补队员可以进入比赛场地替代该名被罚令出场的队员。助理裁判员还要监督和管理任何位于技术区域和坐在替补席上人员的行为,并将他们任何不适当的行为通知裁判员。

FIFA
For the Game. For the World.

THE SUBSTITUTE PLAYER WILL BE ABLE TO ENTER THE FIELD OF PLAY, WHEN THERE ARE ＿＿＿＿ MINUTE(S) AND ＿＿＿＿ SECOND(S) ON THE CHRONOMETER LEFT TO END THE ＿＿＿＿ PERIOD

当计时器所示时间距＿＿＿＿半场结束＿＿＿＿分钟＿＿＿＿秒时,替补队员可以进入比赛场地

图 4-1-7 罚令出场 2 分钟申请替换表

2. 计时员职责

计时员要确保比赛时间与规则规定的比赛时间相符:在比赛开球正确进行后开启计时器,在比赛停止时停止计时器。计时员要尽可能在计分板上公开显示记录的进球、累计犯规和比赛节次。在得到第三裁判员通知后,计时员应以不同于场上裁判员的哨音或其他声音信号示意某队要求暂停。对 1 分钟暂停进行计时,以

不同于场上裁判员的哨音或其他声音信号示意1分钟暂停结束。在得到第三裁判员通知后,以不同于场上裁判员的哨音或其他声音信号示意某队第5次累计犯规。计时员要负责罚令出场队员2分钟的计时。同时,计时员还要以不同于场上裁判员的哨音或其他声音信号示意上半场、全场及加时赛半场和全场时间的结束。

四、比赛开始与比赛结束

(一) 比赛时间

比赛分为上、下两个半场,每半场各20分钟(净时间)。任何临时改变比赛时间的决定必须在开始之前经过主裁判和双方球队的同意,并符合赛前制定的竞赛规程。中场休息不得超过10分钟,竞赛规程必须注明中场休息时间。

(二) 暂停

双方球队在每个半场各有一次1分钟暂停的权利。只有球队官员有权向第三裁判员或在无第三裁判员情况下向计时员使用暂停申请表单提出1分钟暂停的申请。当比赛成死球而且要求暂停的球队拥有发球权的时候,计时员方可用不同于裁判员所使用的哨声或声音信号准予暂停。

暂停期间,队员可以留在场上或场外,但如果队员需要饮水,则必须离开场地。暂停期间,替补队员必须保持在场外。暂停期间,官员不允许进入比赛场地内给予指导。替换队员只有在暂停结束时,主裁判鸣哨示意暂停结束以后进行。

一队在上半场比赛没有请求暂停的,下半场也只允许请求一次暂停。如果进入加时赛,则加时赛期间没有暂停。

(三) 开球和坠球

开球是比赛开始或重新开始的一种方式。开球不可以直接进球得分。

开球开始比赛。开球的程序是通过抛币,猜中的球队决定上半场比赛的进攻方向,另一队开球开始比赛。猜中的球队在下半场开球开始比赛。下半场比赛,两队交换比赛场地和进攻方向,双方替补席也随之交换。所有队员必须在本方半场内。开球队的对方队员应该全部退到中圈以外,应距球至少3米,直到比赛开始。

坠球恢复比赛。如果在比赛进行中，场上裁判员因五人制足球竞赛规则未提到的任何原因而需要暂停比赛，则以坠球的方式恢复比赛。在五人制足球竞赛规则中提到的一些特定的情况下，同样需要使用坠球。场上所有队员均可以参与坠球，坠球不可以直接射门得分。如果坠球被直接踢入对方球门，则判罚球门球；被踢入本方球门，则由对方踢角球恢复比赛。

裁判员在比赛停止时球所在的位置坠球，除非比赛被停止时球在罚球区内。如果比赛被停止时球在罚球区内，裁判员应该在比赛停止时距离最近的罚球区线上坠球（见图4-1-8）。当球落到比赛场地的地面上即为比赛恢复。如果球落到比赛场地的地面上，在没有任何队员触碰的情况下又离开了比赛场地，则在原地点重新坠球。如果球在未接触到地面被队员触及或触及地面后未经队员触及而离开比赛场地，则重新坠球。

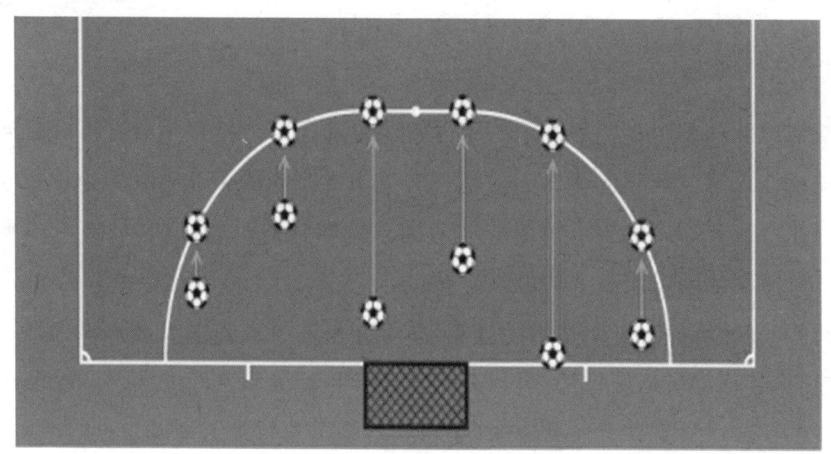

图4-1-8　罚球区内坠球的位置

（四）比赛进行中

除球整体从地面或空中安全越过球门线、边线或裁判员将比赛中止时，其他事件均为比赛中。场地的线、球门柱、横梁均属于场地的一部分，当球从球门柱、横梁或场地内裁判员身上弹回的球同样视为比赛进行中。

（五）计胜方法

当球的整体从球门柱之间及横梁下越过球门线，而在这之前进球的球队没有违反五人制足球竞赛规则,即为进球得分。在比赛中进球数多的球队为胜者。如果两队进球数相等或均未进球,则比赛视为平局。当竞赛规程中要求一场比赛平局后必须决出胜负时,计胜方法可以有三种方式:客场进球多者为获胜队(主客场两回合平局时可以采用)、加时赛决出胜负(半场3~5分钟)、球点球决胜。

五、犯规与不正当行为

队员在比赛进行中违反规则要求将被判罚直接任意球、罚球点球或间接任意球。

(一)可判为直接任意球的犯规

如果场上裁判员认为队员犯有以下七种犯规中的任何一种,将判给对方踢直接任意球:

(1)踢或企图踢对方队员。

(2)绊摔对方队员。

(3)跳向对方队员。

(4)冲撞对方队员。

(5)打或企图打对方队员。

(6)推对方队员。

(7)铲抢对方队员。

如果上述犯规动作是草率的,则不需要给予犯规队员纪律处罚(没有红黄牌);如果上述动作是鲁莽的,则需要给予犯规队员警告的纪律处罚(即黄牌);如果上述动作是使用过分的力量的,则需要给予罚令出场的纪律处罚(即红牌)。

裁判员在判罚草率的、鲁莽的、使用过分力量的犯规动作时,可根据犯规动作的速度、力量和接触点的位置等情况,给予正确的纪律处罚。

如果队员犯有下列三种犯规的任何一种,也将判给对方踢直接任意球:

(8)阻止了对方队员的移动,如用手拉对方、搂抱对方,用手臂拦截住对方或者移动位置通过身体的接触来阻止对方的选位等行为。

(9)向对方队员吐唾沫(向对方队员吐唾沫是绝对不允许的犯规行为,将会受到追加的纪律处罚)。

(10) 故意手球（守门员在本方罚球区内除外）。

以上十种犯规将判罚对方在犯规地点踢直接任意球。如果发生在罚球区内，将被判罚球点球。上述可被判罚为直接任意球的犯规都需要计入累计犯规之列。

（二）可判为间接任意球的犯规

如果守门员犯有如下四种犯规的任何一种，将判由对方踢间接任意球以恢复比赛：

(1) 在本方半场内，以手或脚控制球超过 4 秒。

(2) 将球传给本方队员后，未经对方队员踢及或触及，在本方半场内再次触及本方队员故意传给他的球。

(3) 在本方罚球区内，用手触及本方队员故意踢给他的球。

(4) 在本方罚球区内，用手触及本方队员直接踢给他的界外球。

如果场上裁判员认为队员有如下犯规，则也判由对方在犯规地点踢间接任意球：

(5) 在对方队员面前用危险的方式进行比赛。

(6) 阻挡对方队员进攻路线。

(7) 阻碍对方守门员将球从手上发出。

(8) 采用可判为直接任意球的前九种犯规之一的行为对本方队员犯规。

(9) 如果裁判员认为队员有违反竞赛规则未提及的任何其他犯规，裁判员可停止比赛并对犯规队员进行警告或罚令出场。

（三）可进行纪律处罚的不正当行为

裁判员可以根据犯规情节的轻重对场上队员、替补队员进行纪律处罚。队员如果有不正当行为将被警告或罚令出场。

1. 可出示黄牌警告的犯规

如果裁判员认为场上队员犯有下列七种犯规中的任何一种，将被黄牌警告：

(1) 非体育行为。

(2) 用言行对裁判员的判罚表示异议。

(3) 持续违反足球竞赛规则。

(4) 延误比赛重新开始。

(5) 当以角球、任意球或踢界外球恢复比赛时(防守队员)拒不退出5米的规定距离。

(6) 未经裁判员允许进入或重新进入比赛场地,或违反了替换顺序。

(7) 未经裁判员允许故意离开比赛场地。

如果替补队员违反下列四种犯规中的一种,也将被黄牌警告:

(1) 非体育行为。

(2) 用言行表示异议。

(3) 延误比赛重新开始。

(4) 违反替换程序。

2. 可以罚令出场的犯规

如果裁判员认为场上队员或替补队员犯有下列七种犯规中的任何一种,将被罚令出场:

(1) 严重犯规。

(2) 暴力行为。

(3) 向对手或其他任何人吐唾沫。

(4) 用故意手球破坏了对方的进球或明显的进球得分机会(不包括守门员在本方罚球区内)。

(5) 用可判为任意球或球点球的犯规来破坏对方向本方球门移动着的明显进球得分机会。

(6) 使用攻击性、侮辱性或辱骂性的语言或手势。

(7) 在同一场比赛中得到第二次警告。

如果裁判员认为替补队员有破坏对方进球或明显的进球得分机会,也将被罚令出场。

被罚令出场的队员或替补队员必须离开比赛场地附近和技术区域。

六、任意球

任意球分为直接任意球和间接任意球。直接任意球可直接踢入对方球门,一旦踢入即判为得分；但直接任意球被直接踢入本方球门，则判给对方踢角球。而间接任意球，只有当球进球门前触及场上另一名队员后再进入球门得分才算有效；如果间接任意球直接踢入对方球门，判为对方守门员罚球门球恢复比赛；如果间接任意球直接踢入本方球门，则判给对方踢角球恢复比赛。

五人制足球比赛的累计犯规包括犯规及不正当行为。累计犯规可判罚直接任意球或罚球点球。每队在上下半场累计的前5次犯规应被记录在比赛总结报告中，从第六次开始就无须统计或者记录。

（一）罚球区外的任意球

在犯规地点踢任意球时，所有防守队员必须距球至少5米直到比赛进行。当球被踢出并明显移动时比赛即为进行中。犯规发生后，应在犯规发生地点或在犯规发生时球所在的地点（根据犯规情况）踢任意球或第二点球。

（二）罚球区内的任意球

在罚球区内获得的任意球可以在罚球区内任何地点执行（图4-1-9）。在防守方自己的罚球区内踢直接任意球或间接任意球时，所有对方队员必须距球至少5米直到比赛进行。所有对方队员必须站立在罚球区外直到比赛重新开始进行。当球被直接踢出罚球区后比赛即为开始（见图4-1-10）。

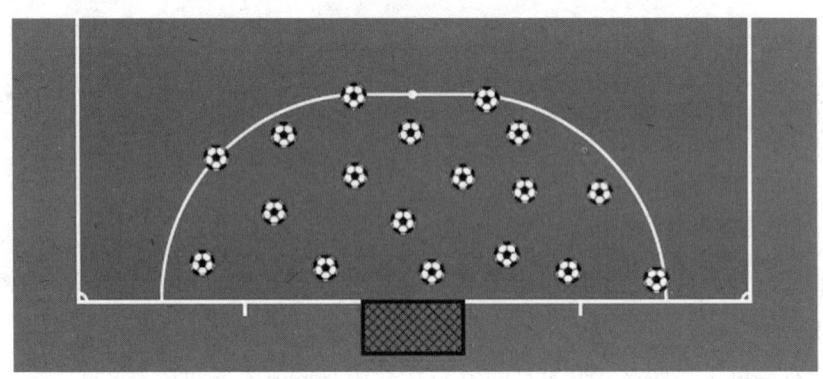

图4-1-9　每半场第6次累计犯规开始以后的直接任意球

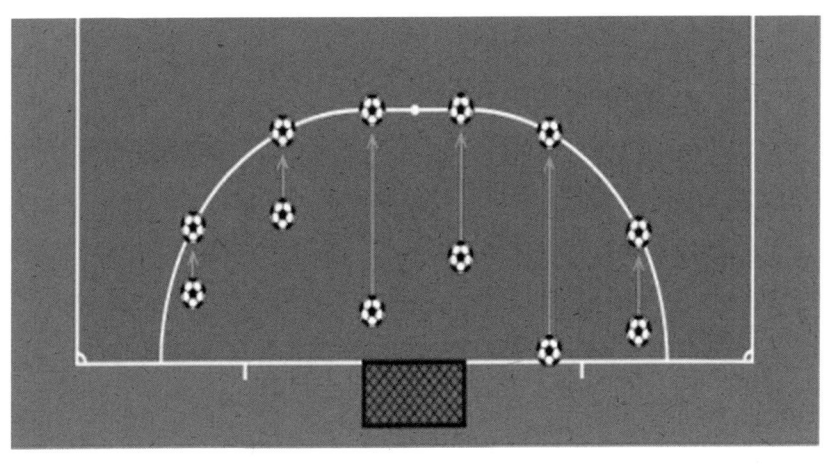

图 4-1-10　间接任意球位置

（三）任意球罚球方法

不管是直接任意球还是间接任意球，罚球时必须将球放定，其他队员必须退至距球至少 5 米处，球被踢并明显移动比赛即为开始。踢球队员在未经他人触及前，不得再次触球。裁判员在做出间接任意球手势时应单臂上举，直至球罚出经其他队员触及后才可将手臂放下。

（四）任意球的违规与处理方法

1. 罚球队员罚球后的二次触球

如果罚球队员在比赛恢复后，球未经其他人触及前，再次用手以外的部位触球，则判由对方踢间接任意球；如果踢球队员用手触球，判对方踢直接任意球。如守方队员在本方罚球区犯有可被判为直接任意球的犯规，将判攻方罚球点球，守方犯规球队应累计一次犯规。

如果球队踢任意球的时间超过 4 秒，裁判员将判给对方在原来地点踢间接任意球恢复比赛。

如果罚球队员是守门员，在比赛恢复后，球未经其他队员触及自己再次用手以外的部位触球，则判由对方踢间接任意球；如果守门员在罚球区外用手触球，则判对方踢直接任意球，而且犯规球队应累计一次犯规；如果守门员在罚球区内用手触球,则判对方踢间接任意球,恢复比赛。

2. 防守方拒不退出 5 米的防守距离

当被犯规罚球,对方队员退出距离不足 5 米时,被犯规方可向裁判员提出要求防守方退出规定的防守距离。为了促进足球运动的发展以及提高比赛的流畅性,规则允许被犯规方选择快罚任意球。当选择快罚球时,距离近的防守队员故意阻止将球快速发出,裁判员必须以延误比赛重新开始警告该队员。如果防守队员距球的距离虽不足 5 米但未阻止对方踢任意球,虽然将球截获,裁判员应允许比赛继续进行。

七、罚球点球、界外球、球门球、角球

(一) 罚球点球

当防守方在本方罚球区内犯有可被判罚直接任意球的犯规,将被判攻方罚球点球。罚球点球可以直接进球得分。在每半场比赛或加时赛上、下半场结束时,应允许延长时间执行完罚球点球。

1. 罚球程序

球必须放定在罚球点上,必须明确主罚队员。防守一方的守门员必须位于本方两球门柱之间的球门线上,面向主罚队员,直至球被踢出。除主罚队员外的其他场上队员应位于比赛场地内、罚球区外,且距罚球点至少 5 米。在场上裁判员发出执行罚球点球的信号后,主罚队员必须将球向前踢出,球必须明显移动。比赛进行中,以及在上半场、全部比赛结束必须延长时间执行或重新执行罚球点球。罚球点球不执行 4 秒的规定。

2. 违规情况及处罚办法

(1) 主罚队员没有将球向前踢出,裁判员应停止比赛,由守方队员在球点球点上踢间接任意球恢复比赛。

(2) 球被主罚队员的队友踢出,裁判员应停止比赛,警告该队员,同时由守方队员在球点球点上踢间接任意球恢复比赛。

(3) 在裁判员发出了执行罚球点球的信号后,球进入比赛前,主罚队员的队友

提前进入罚球区,裁判员应允许踢出该球点球。如果球进门则判罚重踢球点球;球未进门也应停止比赛,由守方队员在球点球点上踢间接任意球恢复比赛。

（4）如果防守队员提前进入罚球区,裁判员应允许踢出该点球。如果球进门,应判进球有效。如果球未进入门,应判对方队员重新踢点球。

（5）如果一名或多名防守队员和一名或多名进攻队员都提前进入罚球区,违反了五人制足球竞赛规则,则应判进球无效,重新罚球点球。

（二）踢界外球

踢界外球是恢复比赛的一种方法。当球的整体不论从地面或空中越过边线或击中比赛场地上空的天花板上时,判由最后触球队员的对方球队踢界外球。

踢界外球直接进球得分无效。在球踢出前,防守方应距球至少 5 米。

1. 踢界外球的程序

将球放在球出界处的边线上。踢球队员一只脚站定在边线上,或边线外 25 厘米以内地方,用另一只脚将球踢进场内（不能助跑或跨步踢球）。

进攻方队员已经具备了发球条件且防守队员已经退出了 5 米的规定距离,发球的那一刻开始,必须在 4 秒钟内将球踢出。

2. 违规和处罚

如果在踢界外球时,对方场上队员距发球地点少于规定的 5 米距离,应判由原发球的球队队员重新踢界外球,并警告犯规队员,除非此时适用有利条款或踢界外球的对方球队犯有可被判罚直接任意球或球点球的犯规。

如果对方队员不正当地阻碍或分散踢界外球队员的注意力,则应对他以因非体育行为进行警告。

如果罚球方未在 4 秒钟内将球踢出,则判罚由对方在原地点踢界外球恢复比赛。如果踢球队员将球踢出后,在未经其他队员触及而再次触球,应判罚由对方踢间接任意球恢复比赛;如用手触球,应判罚由对方踢直接任意球恢复比赛,并记录罚球方累计犯规一次。

（三）掷球门球

掷球门球是重新开始比赛的一种方法。当球的整体不论从地面或空中越过球门线,而最后踢或触球者为攻方队员,不是进球得分时,应判由守方守门员掷球门球。掷球门球不可以直接进球得分。

1. 掷球门球的程序

由守方守门员在罚球区内任何一点用手抛球。守门员具备了发球的条件,且对方队员退出了守方的罚球区,必须在4秒钟内将球掷出罚球区。当球被守方守门员直接抛出罚球区,比赛即为进行。

2. 违规与处罚

(1) 如果球未被掷出罚球区,应该重掷。守门员再次掷球门球时,4秒钟的计时应该继续进行。

(2) 如果比赛恢复后,守门员在其他队员触球前再次触球(用手除外),判由对方队员在犯规地点踢间接任意球恢复比赛。

(3) 如果比赛恢复后,守门员在其他队员触球前再次故意用手触球,如果犯规地点发生在守门员本方罚球区外,则判罚由对方队员在犯规地点踢直接任意球恢复比赛,并记录守方累计犯规一次。如果犯规地点发生在守门员本方罚球区内,判罚由对方队员在犯规地点踢间接任意球恢复比赛。

(4) 如果在比赛恢复后,在对方队员传或触球前,守门员在本方半场再次触及同队队员故意传给他的球,则判罚由对方队员在犯规地点踢间接任意球恢复比赛。

(5) 如果守方守门员没有在规定的4秒钟内将球掷出罚球区,则判罚由对方队员在距离犯规地点最近的罚球区线上踢间接任意球恢复比赛。

(四) 踢角球

踢角球是重新开始比赛的一种方法。当球的整体不论从地面或空中越过球门线,而最后触球者为守方队员,且不是进球得分时,应判攻方踢角球。踢角球可以直接进入对方球门得分。

1. 踢角球的程序

球必须放定在距离球出球门线最近一侧的角球弧内。对方场上队员必须在比赛场地内、距球弧至少5米距离直到比赛恢复。踢角球方必须在4秒钟内将球踢出。当球被踢并移动时即为比赛恢复。

2. 违规与处罚

(1) 如果在踢角球时,对方场上队员没有退出规定的 5 米距离,应判重新踢角球,并警告该犯规队员。

(2) 如果在踢角球时,对方队员不正当地分散踢球队员的注意力或阻碍其将球踢出,队员将因非体育行为被警告。

(3) 如果角球没有在 4 秒钟内被踢出,则判由对方守门员掷球门球恢复比赛。

八、决定一场或主客场比赛胜负的程序

根据竞赛规程的要求,一场比赛或主客场比赛打平后需要决出胜队时采用客场进球规则、加时赛决定胜负和踢球点球决定胜负三种决胜方法。加时赛和踢球点球决胜不是比赛的一部分。

(一) 客场进球规则

竞赛规程若规定比赛采用主客场制,如果出现第二场比赛后两队总比分相同,则任何在客场的进球数将加倍计算。

(二) 加时赛决定胜负

竞赛规程应规定,加时赛决定胜负时,需再进行两个半场时间相等的比赛,每半场时间为 3 或 5 分钟。在加时赛中,进球多的队获胜。

(三) 踢点球决胜负

竞赛规程应规定按照以下踢球点球程序决定比赛胜负。

(1) 主裁判选定用于踢球点球的球门;主裁判组织猜硬币,猜中的球队队长决定本队是否先踢球点球。

(2) 主裁判员、第二裁判员、第三裁判员和计时员负责记录踢球点球的执行情况。

(3) 双方轮流踢点球,两队应各踢 3 次。如果两队在踢满 3 次前,一队的进球数已多于另一队 3 次时可能的进球数,则不需要再踢。如果两队均已踢满 3 次,双

方进球数相同或均未进球,则按相同顺序轮流踢球点球,直至双方踢球次数相同,而一队较另一队多进一球时为止。

(4) 所有场上队员和替补队员均有资格踢球点球。在踢球点球的过程中,守门员可由任何队员替换。每次应由不同的队员踢球点球,直至双方符合资格的队员均踢过一次后,方可踢第二次。

(5) 在踢球点球的过程中,符合资格的队员可以与守门员互换位置,但是必须事先通知裁判员且其装备符合规定。

(6) 在踢球点球的过程中,只允许符合资格的人员留在比赛场地内,包括守门员、主裁判员、第二裁判员、第三裁判员(见图 4-1-11)。

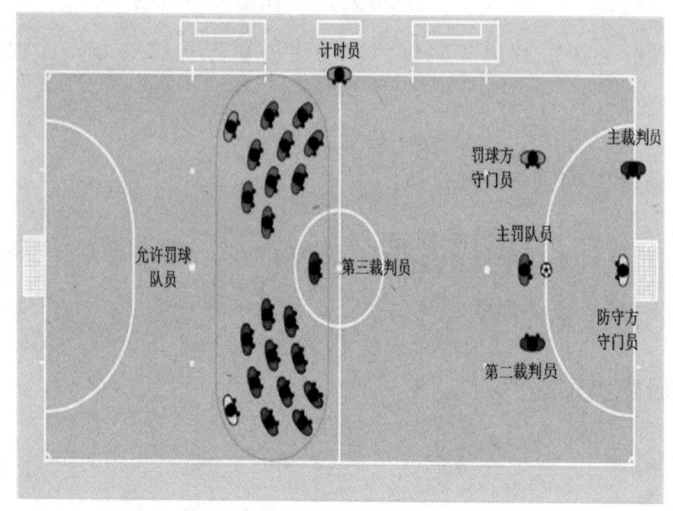

图 4-1-11 踢球点球决胜负时的站位

(7) 如果一个球队必须减少队员人数以期达到和对方球队人数相同,则守门员可以像符合规定的队员一样被排除在踢球点球的人数之外。

第二节　五人制足球竞赛裁判法介绍

一、裁判员的手势

（一）比赛开始的开球手势及进球后的开球手势

比赛开始的开球手势和进球后开球的手势一样：裁判员手臂平举，掌心向下，指向发球方向（见图 4-2-1）。

图 4-2-1　比赛开始或重新开始时裁判员的手势

（二）球出边线时裁判员的手势

球出边线时裁判员的手势为：手臂斜上举，掌心向下，指向发球方向（见图 4-2-2a，图 4-2-2b）。

图 4-2-2a　球出边时裁判员的手势　　图 4-2-2b　球出边时裁判员的手势

(三) 罚直接任意球(球点球)时的手势

判罚任意球(球点球)时裁判员应一只手臂平举,掌心向下,指向发球方向(点球点),另一只手指向地面,以向第三裁判员和计时员示意,此为累计犯规(见图 4-2-3a,图 4-2-3b)。

图 4-2-3a　罚直接任意球(球点球)时裁判员的手势　　图 4-2-3b　罚直接任意球(球点球)时裁判员的手势

(四) 罚间接任意球时的手势

裁判员手臂上举,掌心向前,面向发球方向,并保持这种姿势直到球踢出后被其他队员触及或成死球(见图 4-2-4)。

图 4-2-4　罚间接任意球时裁判员的手势

（五）掌握有利时的手势

裁判员掌握有利的手势有两种，即判罚直接任意球可计入累计犯规的有利手势和判罚间接任意球不计入累计犯规的有利手势。

1. 判罚直接任意球可计入累计犯规的有利手势

判罚直接任意球可计入累计犯规时的手势：裁判员双手胸前斜上举，两掌心相对，同时指向进攻方向。裁判员可同时用简短言语示意，如有利、继续等进行提示（见图 4-2-5）。

图 4-2-5　裁判员判罚直接任意球可计入累计犯规的有利手势

2. 判罚间接任意球不计入累计犯规的有利手势

判罚间接任意球不计入累计犯规时的有利手势：裁判员单手胸前斜上举，掌心侧向进攻方向。裁判员可同时用简短言语示意，如有利、继续等进行提示（见图4-2-6）。

图 4-2-6　裁判员判罚间接任意球不计入累计犯规的有利手势

（六）掌握有利后示意可记录的累计犯规手势

裁判员在掌握了一次或多次可判罚直接任意球并可计入累计犯规的有利时，在比赛中止时、鸣哨后，迅速到达记录台前面对第三裁判员，两前臂90°弯曲，上下相叠，环绕两周后，一手臂上举示意1或2等，另一手臂斜侧平举，掌心向下指向犯规队员替补席方向，用简短言语提示某队刚有一次可计入累计犯规的有利或两次可计入累计犯规的有利的犯规情况（见图4-2-7a，图4-2-7b，图4-2-7c，图4-2-7d）。

图 4-2-7a　裁判员掌握有利后示意可记录的累计犯规手势

图 4-2-7b　裁判员掌握有利后示意可记录的累计犯规手势

图 4-2-7c　裁判员掌握有利后示意可记录的累计犯规手势

图 4-2-7d　裁判员掌握有利后示意可记录的累计犯规手势

（七）罚角球时的手势

罚角球时的手势为：裁判员手臂斜下举，掌心向下，指向角球区（见图 4-2-8a，图 4-2-8b）。

图 4-2-8a　罚角球时裁判员的手势　　图 4-2-8b　罚角球时裁判员的手势

(八) 罚球门球时的手势

罚球门球时的手势为：裁判员手臂斜下举，掌心向下，指向罚球区（见图4-2-9a，图 4-2-9b）。

图 4-2-9a　罚球门球时裁判员的手势　　图 4-2-9b　罚球门球时裁判员的手势

(九) 暂停时的手势

在得到计时员发出的声音信号提示后，裁判员立即鸣哨，通知球队并给出暂停信号。暂停时的手势为：裁判员一只手臂上举弯曲至头顶、眼前位置，掌心向下，另一只手臂弯曲，手掌90°直立垂直于另一只手掌心（见图 4-2-10）。

图 4-2-10　暂停时裁判员的手势

(十) 4 秒计时的手势

裁判员在队员踢界外球、任意球、角球、第二球点球恢复比赛时及守门员用手或脚控制球时,裁判员要读秒并用手示意秒数,当超过 4 秒时,立即鸣哨,并判罚该队 4 秒违例。裁判员一只手臂上举,掌心面向比赛场地,伴随着读秒,手指示意所读的秒数(应与读秒速度一致)(见图 4-2-11a,图 4-2-11b,图 4-2-11c,图 4-2-11d)。

图 4-2-11a　裁判员执行 4 秒违例　　图 4-2-11b　裁判员执行 4 秒违例
　　　　　　时的读秒手势　　　　　　　　　　　　时的读秒手势

图 4-2-11c 裁判员执行 4 秒违例时的读秒手势　　图 4-2-11d 裁判员执行 4 秒违例时的读秒手势

（十一）半场累计 5 次犯规的手势

当一方半场累计犯规达 5 次时，裁判员在得到第三裁判员提示后，立即鸣哨，一只手臂上举，掌心向前，面向犯规球队，并伸出五指，示意该队半场犯规次数已达 5 次（见图 4-2-12）。

图 4-2-12 裁判员判 5 次犯规的手势

（十二）出示黄、红牌时的手势

裁判员判罚一队员鲁莽的动作或使用过分力量时，要对该队员出示黄牌或红牌给予纪律处罚。裁判员距离被出示红牌或黄牌的队员至少2米，一只手臂上举，手持黄牌或红牌下角，面向被处罚的队员（见图4-2-13a，图4-2-13b）。

图4-2-13a　裁判员出示黄、红牌时的手势　　图4-2-13b　裁判员出示黄、红牌时的手势

二、比赛中裁判员的选位与配合

比赛中两名裁判员要注意选择合理的位置，注意相互之间的视野范围。

（1）两名裁判员要确保比赛的进程自始至终在他们相互间的视野范围之内。

（2）裁判员应尽量采用对角线方式选位。

（3）裁判员应尽量保持在边线外并面对场地，以便使比赛和另一裁判员均在视线范围之内。

（4）两名裁判员应在相互的视野之内，时刻注意眼神的交流。

（5）时刻牢记如何合理的选位，两名裁判员在不干扰比赛的情况下，应尽量靠近争抢区以便观察。

（6）为了获得更好的观察位置，裁判员可以进入场地，但尽量不要干扰比赛。

（7）裁判员要特别注意场上所有队员违背规则的非体育行为的情况：足球队员相互之间是否具有攻击性的行为；在比赛过程中出现的破坏对方进攻机会、得分机会等的犯规；球被踢出后发生的犯规要特别关注，正确判断队员是否犯有草率的、鲁莽的动作行为或使用过分力量的犯规动作,如跳向、惯性动作、隐蔽的手部动作等。

三、比赛中裁判员的基本站位

(一)开球时裁判员的站位

比赛开始(也包括进球后重新开始比赛)时,裁判员站在替补席一侧的边线上并与中线齐平,以监督比赛开球,使开球按照规则规定的程序进行。第二裁判员必须与开球队倒数第二名防守队员齐平(见图4-2-14)。

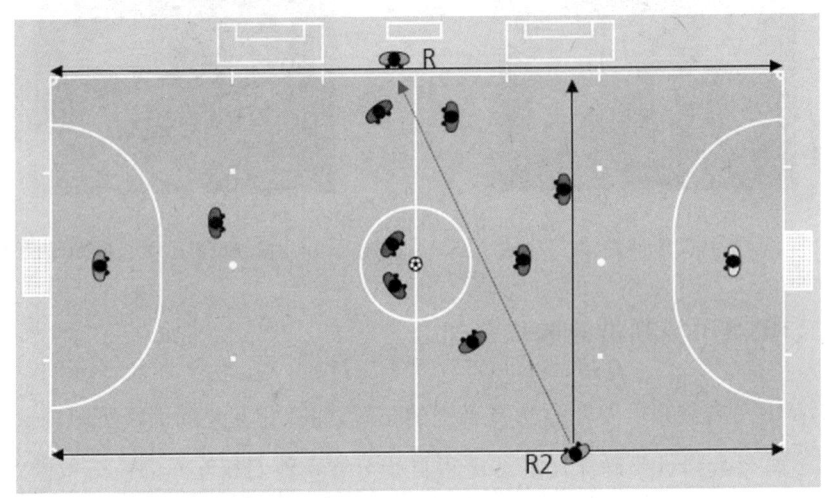

图 4-2-14　开球时裁判员的站位

(二)踢界外球(强制性的)时裁判员的站位

攻方踢靠近角球弧的界外球时,近端裁判员应位于与界外球踢出地点相距约5米的地方,以便在此位置上查看踢出的界外球是否符合程序,以及查看防守队员是否已经距离边线5米;远端的裁判员应位于角球弧后与球门线齐平的位置上,以便在此位置上观察球及队员的行为(见图4-2-15)。

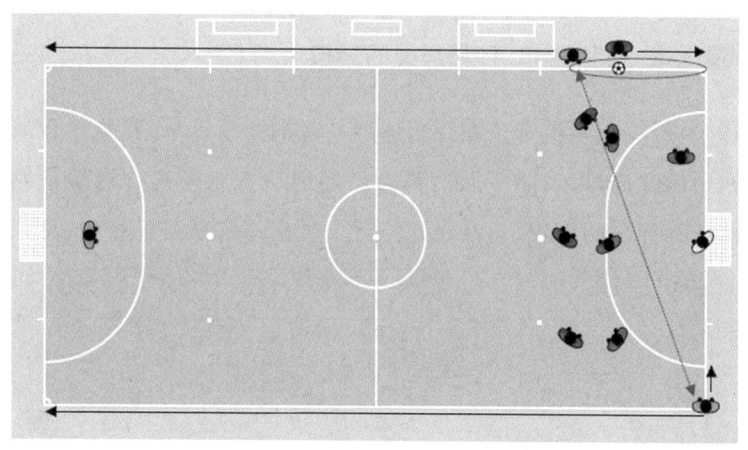

图 4-2-15 踢界外球时裁判员的站位

（三）守门员掷球门球时裁判员的站位

守门员掷球门球时,一名裁判员必须查看球是否在罚球区内。如果球不在罚球区内,但裁判员认为守门员已经准备好掷球或由于战术原因拖延捡球时间,可以开始4秒计时。一旦球在罚球区内,其中一名裁判员必须站在与罚球区上沿齐平的位置,观察球是否离开罚球区且对方队员是否在罚球区外,如果观察到的情况属"是",则示意开始4秒计时。最后,观察掷球门球的裁判员必须选择一个合适的位置控制比赛,这在任何情况下都是首先要做到的(见图4-2-16)。

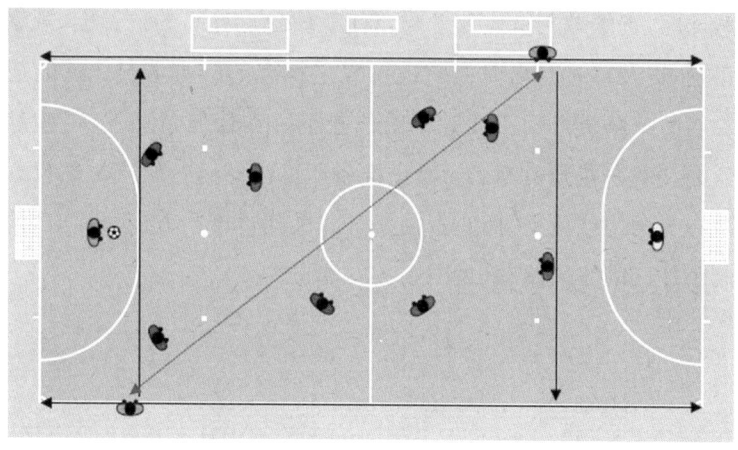

图 4-2-16 守门员掷球门球时裁判员的站位

(四)踢角球(强制性的)时裁判员的站位

踢角球时,近端裁判员选位在距角球弧 5 米的边线区域,从这个位置上查看球是否摆放在角球弧内,以及防守队员是否已经退后 5 米距离。远端裁判员位于角球弧外与球门线齐平的位置上,并在此位置上观察球和队员的行为(见图 4-2-17)。

图 4-2-17　踢角球时裁判员的站位

(五)罚任意球时裁判员的站位

罚任意球时,近端裁判员应位于与罚任意球地点齐平的位置上,观察球的摆放位置是否正确,以及球被踢出时提前进入规定距离的队员情况。远端裁判员位于与倒数第二名防守队员或球门线齐平的位置上。在任何情况下,这些都是裁判员首先要做到的。两名裁判员都必须时刻准备跟踪球的运行轨迹。如果远端裁判员站的位置没有与球门线齐平,而一直接任意球又朝着球门方向踢出时,该裁判员要沿着边线向角球区的方向跑动(见图 4-2-18、图 4-2-19)。

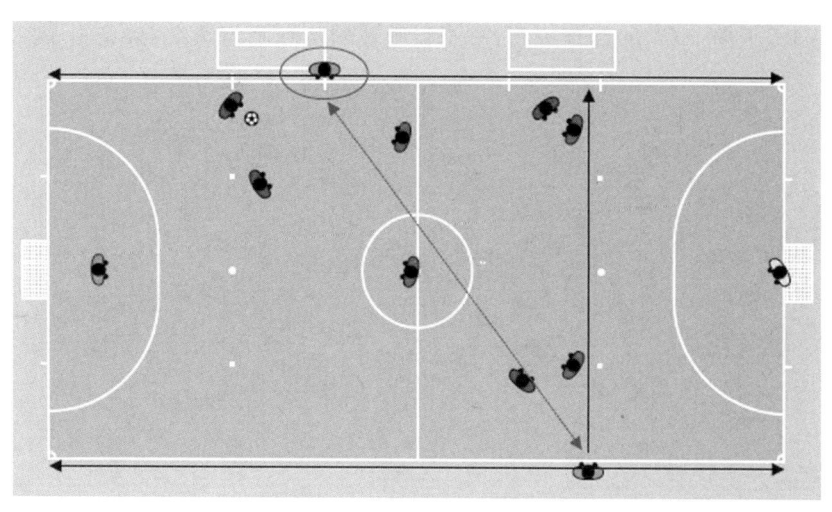

图 4-2-18 罚任意球时裁判员的站位

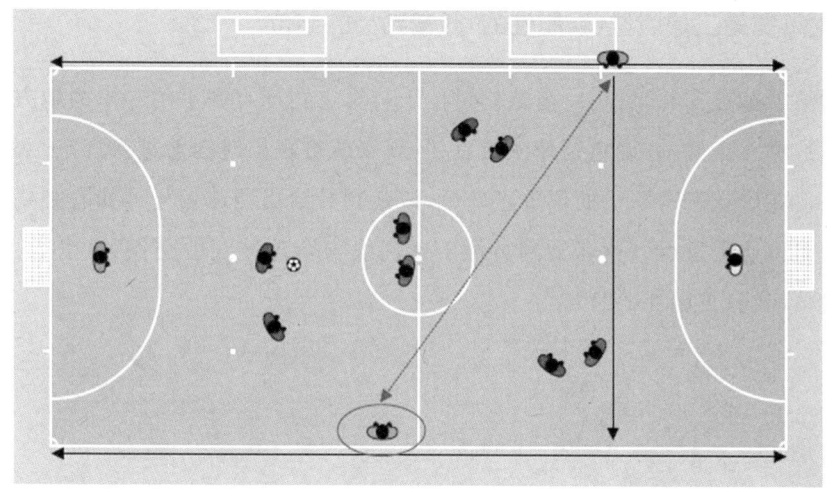

图 4-2-19 罚任意球时裁判员的站位

（六）罚球点球（强制性的）时裁判员的站位

罚球点球时，其中一名裁判员位于与罚球点齐平约 5 米的地方，查看球的摆放是否正确，并确定罚球队员，以及观察球被踢出时提前进入规定距离的队员情况。在确认所有队员的位置正确后，该裁判员给出罚球信号。如有必要，另一裁判员可以协助进行。这名裁判员位于球门线与罚球区线的交点处。如果守门员在球踢出前从球门线上向前移动,而球未踢进球门,则裁判员鸣哨示意重罚(见图4-2-20)。

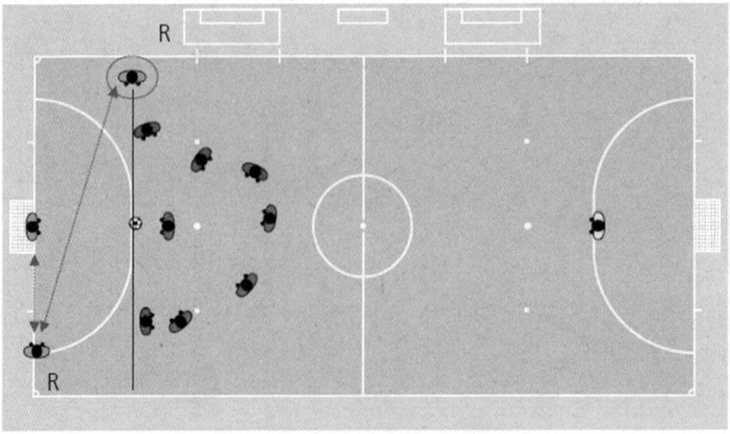

图 4-2-20　罚球点球点时裁判员的站位

(七) 罚第二球点球(强制性的)时裁判员的站位

罚第二球点球时,其中一名裁判员位于与第二罚球点齐平约5米的地方,查看球的摆放是否正确,并确定罚球队员,以及观察球被踢出时提前进入规定距离的队员情况。在确认所有队员的位置正确后,该裁判员给出罚球信号。如有必要,另一裁判员可以协助进行。这名裁判员位于球门线与罚球区线的交点处,以观察球是否越过球门线(见图4-2-21)。

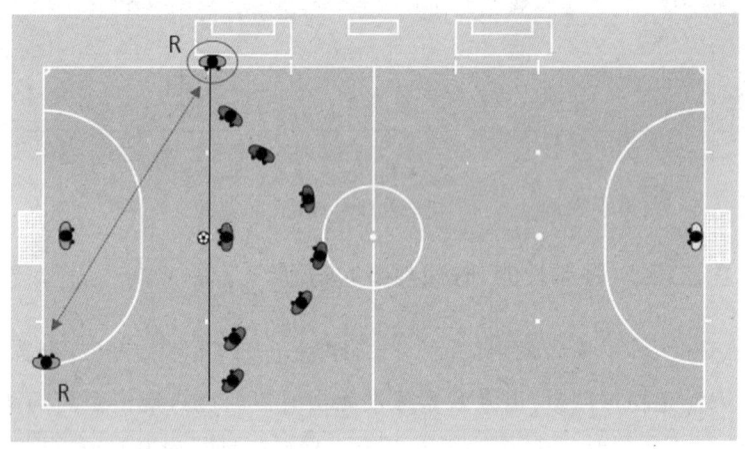

图 4-2-21　罚第二球点球时裁判员的站位

(八) 第六次累计犯规罚任意球(强制性的)时裁判员的站位

第六次累计犯规罚踢任意球时,其中一名裁判员位于与第二罚球点齐平约 5 米的地方,查看球的摆放是否正确,并确定罚球队员,以及观察球被踢出时提前进入规定距离的队员情况。在确认所有队员的位置正确后,该裁判员给出罚球信号。如有必要,另一裁判员可以协助进行。这名裁判员位于球门线与罚球区线的交点处,观察球是否越过球门线(见图 4-2-22)。

图 4-2-22 第六次累计犯规罚任意球时裁判员的站位

(九) 罚球点球决胜(强制性的)时裁判员的站位

罚球点球决胜时,裁判员应位于距球门 2 米的球门线位置上。他的职责主要是查看球是否越过球门线,以及守门员是否从球门线提前向前移动。当球清楚地越过球门线,则裁判员必须与第二裁判员进行眼神交流以确认无违规发生。第二裁判员位于与罚球点齐平约 3 米的位置上,查看球、守门员和罚球队员的位置是否正确。第三裁判员位于场地中圈内,管理双方队员。计时员位于计时台,确保球队不参加罚球点球的队员和官员行为恰当(见图 4-2-23)

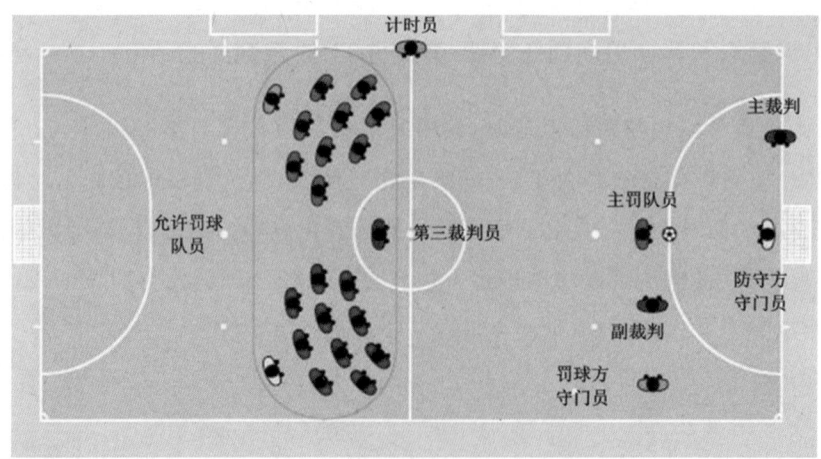

图 4-2-23 罚点球决胜时裁判员的站位

四、场上裁判员哨音的使用

（一）裁判员必须鸣哨的情况

1. 开球

（1）开始比赛（上半场开始、下半场开始，以及加时赛上、下半场开始）时。

（2）进球后重新恢复比赛时。

2. 停止比赛

（1）判罚任意球或罚球点球时。

（2）如果比赛需暂停或中止时。

（3）比赛时间结束（包括上半场结束或全场比赛时间结束）时。

3. 重新恢复比赛

（1）罚任意球前裁判员示意要求防守队员遵守规定的距离时。

（2）罚第二球点球时。

（3）罚第六次累计犯规起的无人墙任意球时。

（4）罚球点球时。

4. 由于以下原因停止比赛后重新恢复比赛

（1）对不正当行为执行警告或罚令出场时。

(2) 一名或多名队员受伤时。

（二）不需要鸣哨的情况

比赛中过多的哨音会降低在需要使用哨音时的作用。在球出界、进球得分以及界外球、球门球、角球、任意球恢复比赛时一般不要哨音,除非是不清晰的进球及出界球。

另外,裁判员坠球时也不需鸣哨。

（三）第三裁判员和计时员的哨音使用

五人制足球比赛中第三裁判员和计时员同样可以使用哨音,但其哨音必须与场上裁判员的哨音有明显区别或使用其他的声音信号,其主要目的是在必要的情况下吸引场上裁判员的注意。

出现如下情形之一时,第三裁判员或计时员可以使用哨音:

(1) 必须使用声音信号的情况。

(2) 每半场比赛结束及每节加时赛结束时。

(3) 提示暂停申请。

(4) 提示暂停结束。

(5) 通知某队第五次累计犯规。

(6) 提示某队替补队员或官员的不恰当行为。

(7) 提示替补程序违规。

(8) 提示场上裁判员在纪律制裁中所犯的错误。

(9) 提示场外出现的干扰。

五、如何成为一名合格的五人制足球比赛的裁判员

作为一名五人制足球比赛的裁判员,精通规则是非常必要的,但检验一个裁判员是否称职,更重要的是看其在实践中的表现、临场执法时运用和掌握规则的效果如何,须知"实践是检验真理的唯一标准"。

五人制足球比赛虽然场地不是很大,但是它攻守转换快、对抗激烈,对于裁判员来说工作难度较大。裁判员不仅要精通规则,还要具备良好的身体素质、准确的

判断能力、敏锐的观察能力、迅捷的应变能力。裁判员不仅是比赛场上执行规则的法官，更应该是一个教育者、组织者、引导者。一个裁判员能否成功地引导一场足球比赛顺利进行，取决于他对规则的掌握、理解和运用的是否得当。裁判员在任何时候都应根据规则的精神使比赛公正合理地进行。

（一）赛前的准备工作

1. 体能上的准备

现代足球运动比较突出的一个特点就是攻守转换速度越来越快，这就要求裁判员首先要具备良好的身体素质，在比赛中具有较强的奔跑能力，所以一个优秀的足球裁判员在日常生活中要做到如下几点要求：

（1）养成经常锻炼身体的习惯和良好的生活习惯。

（2）制订合理的体能训练计划和确定合理的体能训练内容。

（3）提高自我约束力，远离烟酒。

2. 业务理论方面的准备

裁判员应不断学习和熟知国际足联制定的《室内五人制足球竞赛规则》和亚足联、中国足协作出的严格执法的相关规定，积极参加各种裁判员学习班，时刻了解国际、国内足坛的时势动态。

3. 实践执法方面的准备

创造条件参加各级足球比赛的裁判工作，积极观摩国内外重大赛事，多进行讨论和探讨，进一步熟悉规则、收集战例、统一认识。赛前最好执法一场或两场比赛，积极适应，并调整好自己的最佳状态，为赴赛区执法做好充分的准备工作。

4. 赛前心理准备

裁判员的心理准备与体能准备同等重要。裁判员赛前有了良好的心理准备，就会以饱满的信心、良好的自我控制能力和正常的心态去执行比赛任务。反之，情绪紧张、信心不足或盲目乐观等都会直接影响工作的效果。

任何一场足球比赛，从准备工作伊始到临场执法，裁判员的心理活动始终处于高度敏感、高度兴奋和高度紧张的状态。裁判员要学会随时有效地调节心理状态，进行积极自我的心理活动，加强自我控制能力和增强自信心，排除一切消极的心理

因素。保持良好的心理状态和进行赛前的心理调整,可以从以下几方面入手和准备:

(1) 掌握心理学知识。认真学习体育运动心理学,掌握基本的心理学常识,了解人类感觉、知觉、表象、记忆、想象、思维等心理现象,逐步培养自己的"稳定的、恒常的心理品质"。有了良好的智慧特征,才能具备较强的意志、智能、性格和气质等心理状态。

(2) 在实践中调控。在学习和实践中,要积极巩固已有的冷静、沉着、自信、专注、坚定等心理因素,排除和克服焦躁、慌张、迟疑、涣散等消极的心理现象。在不同的环境中,能有效地提高自控能力、适应能力和应急能力。

(3) 建立赛前良好的心理动机。动机与行为、效果与目的之间有着复杂的辩证统一关系。如比赛规模的大小、观众的多少、本地与外地、国内与国外、小组赛阶段与决赛阶段,认真与敷衍、不求出色但求无过、自满自负又想一鸣惊人等心理状态,都能影响裁判员的执法工作。

(4) 树立责任感和使命感。在赛前心理调整中,裁判员应对比赛任务有明确的认识,充分相信自己的能力,以饱满的精神状态,将注意力集中在比赛场上。这种自我的心理调整应不断地建立和培养,并以自身的责任感和使命感加以巩固。

(5) 注意力集中,充满自信。裁判员赛前过分激动和盲目自信的心理状态都是执法中的大敌。这种过分激动和盲目自信的心理活动状态表现在:情绪体验强烈而紧张、行为失控、注意力不集中和寝食不安,对即将开始的比赛的复杂性以及困难程度估计不足,而且在理论、实践及体力上的准备不充分。这样必将导致裁判工作的失败。

保持良好的心理状态,进行必要的赛前心理调整,方法手段很多,建议同时合理地使用不同的调整方法,这样才能取得理想的效果。

5. 准备好裁判员执法比赛的基本装备

赛前,裁判员可以把执法用品及生活用品分别列出明细表,整理时逐一核对,避免遗漏。

(1) 执法用品。执法用品包括两三套不同颜色的上衣、短裤、足球袜、足球鞋,口哨(备用哨)、笔、记录本、红黄牌、计时表(备用计时表)、挑边器、手帕、手旗、鞋油、梳子及部分化妆品等。对这些必用品要认真检查，并试用、试穿，保持干净、整洁，能正常使用。另外，裁判员外出执行赛区或主、客场任务时，所有裁判员装备最好随身携带，不要托运，以免遗失。

（2）生活用品。生活用品包括身份证、洗漱用品、换洗的服装（出席正式场合时需要按照要求着正装）等。

6. 认真开好赛前准备会

认真开好赛前准备会是裁判员在比赛场上能够顺利执法的重要环节。赛前准备会应由裁判员召集第二裁判员、第三裁判员和计时员参加，一般在比赛前40分钟召开，地点可以选择在比赛场地裁判员休息室或是在检查场地。准备会内容应根据裁判员们的水平和比赛性质等特点而有所不同，一般应包括以下三个方面：

（1）认真分析比赛情况。

① 分析比赛日的天气情况、场地因素可能会对比赛造成的影响。

② 对两个球队实力的估计、球队风格、打法及技术特点的分析。

③ 了解两队之前有无矛盾恩怨、过往交战史、是否有对立情绪。

④ 明确两个球队明星级别队员、官员，优秀队员、官员，激进队员、官员。

⑤ 双方当前的积分排名等情况，以及比赛结果可能给双方带来的影响。

（2）检查场地、器材等其他准备工作情况。

① 双方球队上场队员名单由第三裁判员收取。第三裁判员应对秩序册上名单和号码进行细致核对：名单必须有教练员的签名，不得有任何涂改，通过竞赛组查阅有无停赛及追加处罚的球员及球队官员。第三裁判员还要检查有无比赛记录用的表格等。

② 比赛器材由第三裁判员和计时员一起检查。检查的内容主要有：比赛用球的气压等是否符合要求，有无暂停牌、记分牌、计时表、三音哨等。

③ 比赛场地由两名裁判员共同检查。检查内容应包括各条线及标记是否清晰平坦、有无遗漏或断开、球门及球网是否正常。场地各区域及教练员指挥区、替换区域、摄影线、场地内的画线也要进行检查，也要对第三裁判员和计时员的记录席、主客队替补席、技术区域等进行检查并询问场地急救医护、担架及捡球员的位置，同时对裁判员休息室、运动员休息室和通道进行查看。发现问题可要求主办单

位及时处理。

④ 自身赛前充分的热身运动情况。确保临场不出现扭伤、拉伤等现象。

⑤ 比赛执法装备的准备情况。两名裁判员都要备好计时手表、笔及记录卡，以便记录进球及红黄牌等其他情况；第三裁判员也要备齐全套装备（包括哨子、红黄牌、挑边器等）以备用。

⑥ 比赛前双方队员的检录情况。应依据竞赛规程的相关规定核验参赛队员资格。

⑦ 对双方队员装备进行检查。主要检查双方队员的戒指、项链、铲球裤和护腿板、足球鞋等是否符合要求。

7. 比赛进行时的分工、协助及配合

（1）比赛过程中各裁判员、计时员应重点做到每个判罚前后要有眼神交流，不清晰的判罚用手势在腰下提示以确保无错判情况发生。

（2）对于球出界，裁判员在准确的前提下作出判罚时，动作可以稍慢一点，手势要清晰、准确并要迅速到达球出线的位置。

（3）比赛中止后恢复比赛时，两名裁判员要读秒并有手势配合。

（4）对于进球，裁判员一定要跟到底，再用眼神交流，多注意射程内的任意球。

（5）对于犯规，两名裁判员在都可以鸣哨作出犯规的识别和对队员作出纪律处罚，都可以出示红黄牌。在角度或选位不是太好的情况下，在赛场侧部的裁判员可以及时鸣哨以避免漏判。

（6）对于罚球点球，各个裁判员判罚时要准确和一致。

（7）对于罚球区内外的犯规，针对守方犯规，两名裁判员要做好分工，特别是有球队员之间犯规和无球队员间的犯规。

（8）对于换人，第三裁判员要时刻提醒队员在需要替换时，一定要执行从本方替补席的替换区先下后上的原则。必须要求替补席队员执行有关的规则，必须穿有别于场上双方队服颜色的背心，并在需要替换时脱下交给下场队员。对替换程序违规要及时提醒裁判员。

（9）对于突发事件，按预定的冲突程序处理。靠近的裁判员可进场管理。若冲突升级，裁判员可退出并做记录，远端的裁判员应记录事件概况，第三裁判员和计时员就近管理双方替补席并记录替补席哪些队员及官员进场参与。

(10) 执行罚球时裁判员要利用场上的标记。就近的裁判员应进场严格要求相关队员执行退出 5 米距离的防守规定。

(11) 其他应注意的问题：

① 当裁判员给同一队员出示第二次警告时，另一名裁判员、第三裁判员和计时员都应注意是否有漏掉红牌的现象，并在比赛重新开始之前及时通过信号提示。

② 掌握好比赛时间。由计时员负责记录比赛时间，通过有别于裁判员的哨音提示半场比赛结束等。裁判员也要佩戴计时表。

③ 场外管理。场外管理主要由第三裁判员负责。在需要裁判员处理的情况时，第三裁判员应立即举手示意和用喊声提醒裁判员停止比赛并及时进行沟通。第三裁判员要确保罚出场队员必须离开比赛场地周围或回到休息室。要时刻留意需要备用球的信号。当场上出现伤情，第三裁判员要看清楚裁判员给出的手势，确定要队医进场护理和是否需要担架的手势，避免无关人员进入场内。双方队员受伤时，裁判员、第三裁判员以及计时员都要时刻关注主客队替补席，因受伤时的换人程序必须符合规则规定。第三裁判员要检查被责令离场调整装备的队员调整后的装备是否符合规定，因队员受伤流血出场护理的要确定完全止住血后才能重新替换进入比赛场地。

④ 罚球点球决胜负时，两名裁判员、第三裁判员及计时员要分工确定罚球队员的人数及资格，协助记录进球。

⑤ 裁判员召集双方队员到大厅、通道或场地边集合，检查所有队员（包括首发和替补队员）的资格和装备后准备进场。裁判员、第二裁判员、第三裁判员和计时员带领双方首发和替补的所有运动员横队入场。除了主办单位规定的赛前进行开幕式、升国旗等仪式外，裁判员要带领双方队员面向观众致敬、安排运动员照相、召集双方队长投币挑选场地。

(二) 中场休息时的要求

裁判员、第三裁判员和计时员首先要主动听取裁判长（或比赛监督）对上半场裁判工作的简要评价以及对下半场裁判工作的要求。裁判员稍作休息后，根据裁判长（或比赛监督）的意见对下半场比赛中可能发生或出现的情况以及将采取什么对策向助理裁判员作简要的交代,并相互鼓励,调整好心态,以增强完成好下半场裁判工作的信心。

(三) 赛后总结工作

1. 裁判员的赛后总结

(1) 裁判员与另两名裁判员及计时员要及时核对进球队员的号码、进球时间和被出示黄牌、红牌队员的号码、时间。

(2) 召开赛后裁判组工作总结会。

(3) 认真填写《裁判员报告表》。如在比赛中出现严重违纪行为、严重事件或其他事件等情况,应立即开会,把发生的事件或情况核实清楚后,如实填写《比赛违纪报告》或《情况说明》。牢记报告或说明所写内容只是陈述事实和过程,不要写出处理的意见。最后,在裁判员签名后,应立即将报告上报赛事主管部门。

(5) 裁判员要对整场比赛执法作出自我评价。主要应针对如下几种情况进行评价:

① 对判罚的准确性和一致性,对规则精神的理解和运用情况:执行规则是否正确和一致,识别犯规动作的能力如何,关键球的判罚情况,有利条款的运用是否有清晰的信号和示意有利到位情况,掌握有利的时机情况,当预期的有利没有出现时是否停止比赛。

② 面对来自于场内外各种因素干扰时的处理情况。

③ 对于出示红牌、黄牌以及比赛尺度的把握情况。

④ 主、客场因素对裁判工作的影响情况。

⑤ 执法中受挫折后心理活动的变化情况。

⑥ 天气及环境对裁判工作的影响情况。

(6) 评价执行规则、控制引导比赛的能力:

① 能否正确地理解和运用规则。

② 能否利用规则,是否懂得机械运用规则与机智运用规则的区别。

③ 应变能力和驾驭比赛的能力如何。

④ 全场的判罚尺度与赛场的气氛如何。

⑤ 裁判员的信心、风度、勇气、果断等特性表现得如何。

⑥ 裁判员控制比赛的能力及跑动的合理性情况。

⑦ 裁判员的视角与第二裁判员的配合情况。

⑧ 有利条款的掌握情况,助理裁判员的协助判罚情况。

⑨ 重点运动员的掌握、管理与处罚情况。

(7) 评价关键球的把握及判罚的准确性:

① 是否以规则为依据,在"准"字上下功夫。

② 进球得分、罚球点球、空中进球得分的配合情况如何。

③ 出示红牌、黄牌的处罚情况。是否以足球比赛规则为依据,掌握时机,恰到好处。

④ 罚球点球的尺度情况。是否做到距离近、角度好、犯规清晰。在区内追加了处罚。

⑤ 识别真假犯规动作的能力如何。对运动员的受伤、佯装、欺骗行为要有实例说明。

(8) 裁判员的体能、移动和选位情况。此项评价应包括必要的耐力、速度以及对角线制的运用,体能的合理分配,身体的合理移动和选位等情况。

(9) 团队合作情况。要找出"四位一体"的经典案例。要写明贯彻执行赛前准备会时所约定的信号、眼神的交流等配合的默契程度如何。

2. 第三裁判员的赛后总结

第三裁判员的赛后总结内容包括团队合作、管理技巧、个性表现及基本职责完成情况。

(1) 团队合作方面。在协助两名裁判员和计时员时能否做到有效的配合,能否恰当地把握住协助时机;协助记录场上比分、红黄牌的队员号码情况如何;在执行监督和管理替补席上人员的言行、替换程序是否符合规则规定;暂停时是否及时。

(2) 管理技巧方面。是否有规范、合理的言辞,管理时机是否恰当。

(3) 个性表现方面。在替补席官员、替补队员情绪的瞬间爆发时,能否保持冷静的头脑采取恰当的管理方法以及是否在管理时具有必要的勇气。

(4) 基本职责方面。规则赋予的职责是否很好地执行和完成,如示意累计犯规的次数。

3. 计时员的赛后总结

(1) 操控计时器等设备的熟练程度如何,以及显示比赛结果、累计犯规次数、比赛的节数是否及时和准确无误。

(2) 协助暂停、2分钟罚出的时间掌握是否准确、及时。

(3) 示意半场结束、全场结束的信号是否及时等。

六、比赛所用表格

(一) 裁判员报告表

裁判员报告表的内容应包括比赛时间、比赛地点、比赛球队、比赛胜负情况(比分情况)、获胜球队,主裁判员、第二裁判员、第三裁判员、计时员名单,进球情况(进球时间、进球队员),处罚情况(警告队员、警告的原因,罚令出场队员、罚令出场情况说明,场上发生意外情况等信息)(见表4-2-1)。

(二) 运动员上场名单表

运动员上场名单表应该包括比赛球队信息(球队的服装颜色、守门员服装颜色)、上场队员名单、队员服装号码、队员替换的时间、教练员签名等(见表4-2-2)。

(三) 第三裁判员登记表

第三裁判员登记表应该包括主裁判、第二裁判、比赛球队、进球情况、犯规情况统计、警告情况及原因、罚令出场情况及原因等(见表4-2-3)。

表 4-2-1 裁判员报告表

1	比赛日期:	年 月 日	比赛时间:	场序	
2	主队:		客队:		
3	比赛城市:		体育场名称:		
4	全场比分:		获胜队:		

续表

5	上半时比分：		领先队：	
6	主裁判员		协会	
7	第二裁判员		协会	
8	第三裁判员		协会	
9	计时员		协会	

进球			进球		
号码	姓名	时间	号码	姓名	时间

警告				警告			
号码	姓名	时间	原因	号码	姓名	时间	原因

罚令出场				罚令出场			
号码	姓名	时间	原因	号码	姓名	时间	原因

续表

累计犯规								
主队					客队				
上半时					上半时			
下半时					下半时			

罚令出场的情况说明：

_____
_____
_____
_____
_____
_____
_____
_____
_____

意外事故的情况说明：

_____
_____
_____
_____
_____
_____
_____
_____
_____

裁判员签名：_____

表 4-2-2　上场队员名单表

2017 年河南省校园足球"省长杯"五人制足球赛

上场队员名单

比赛场序：_____　　　体育场：_____

主队		
颜色		

日期：
时间：

客队		
颜色		

号码	姓名	上场	替补	不上场	号码	姓名	上场	替补	不上场

主裁判：　　　　　第二裁判：　　　　　第三裁判：　　　　　计时裁判：

主教练签名：_____　　　主教练签名：_____

比赛监督签名：_____

*上场 ☑　　替补 ☒　　不上场 ○

表 4-2-3 第三裁判员等级表

2017 年河南省校园足球"省长杯"足球赛第三裁判登记表

比赛日期： 　　　　　　　　　主裁判：

副裁判： 　　　　　　　　　　场序：

主队：				客队：			
进球							
犯规							
上				上			
下				下			
暂停	时间	上		暂停	时间	上	
		下				下	
黄牌							
红牌							
上半场比分：				第三裁判：			
全场比分：				计时员：			

第五章　校园足球节的组织与实施

> **本章提要**：校园足球节是在指导教师的组织下，由学生参加的有目的、有计划的系列足球活动。它具有参加人数多、活动内容丰富、组织精细的特点。通过本章的学习，了解组织不同形式足球节的方式与方法，为组织大型足球活动提供参考依据。

 校园足球节的意义与任务

一、校园足球节的意义

校园足球节是指在足球指导教师的组织下，由学生参加的有目的、有计划的系列足球活动。它具有参加人数多、活动内容丰富、组织精细的特点。校园足球节能使更多的学生认识足球、了解足球、喜欢足球、亲近足球，达到锻炼身体、愉悦身心、互相交流的目的，进而达到足球运动的育人功能：提高学生的身体素质，使学生掌握足球的基本技能，促进学生智力和情感的发展。

二、校园足球节的组织要求

1. 计划周密，组织健全

校园足球节是全校的大型活动之一，学校领导要高度重视，要建立以校长为组

长的领导小组,根据活动的需要,成立办公室、后勤组、场地组、指导教师组等相关机构。

2. 根据实际制定方案

要了解参加活动人员的年龄、性别、数量以及技术水平。根据球队的数量,选择使用场地的数量及设计球队轮转计划,同时准备好各项设施。

3. 练习内容安排科学合理、丰富多彩

根据参加活动的学生的年龄和技术水平来设置练习的内容。练习内容设置要考虑让大多数学生都能参与。活动形式要简单、有趣,要有游戏竞赛的元素。

4. 组织有序,育人为先

通过严密的活动组织,使同学们体验到足球带来的快乐,体验通过拼搏、努力得到胜利时赢得的尊重感觉。公平竞赛、遵守规则、尊重对手、尊重裁判、尊重队友是足球比赛精神的重要组成部分。在活动中,参与者要诚实有信,避免造假作弊,维护好足球运动带来的健康、快乐的形象。

第二节 校园足球节的组织与实施

一、校园足球节的准备

校园足球节开始前,组织者(主管校长或体育组组长)要召集参加校园足球节的各队领队(班主任)和足球指导教师开会,告知有关场地以及球队进行场区轮换的具体安排,明确有关场地组织及球队轮换顺序的安排。组织者在会场上应重点强调公平竞赛的原则。

校园足球节进行期间,组织者应位于足球节场地的中央位置,以便于与各队的领队进行交流、回答问题、给予指导等。

校园足球节结束后,组织者要召集所有球队及领队在场地中央集合。组织者致闭幕词,感谢学生的参与和努力,为公平竞赛树立了榜样,同时还要感谢各球队的领队、指导教师及其他支持者。组织者可邀请校长等其他领导讲话,并对校园足球节进行简短的回顾。

二、校园足球节的组织与实施

1. 做好活动器材的准备工作

根据练习内容选择足球(如 4 号足球)若干,小球门若干(当然也可以使用不同的球门,最大尺寸为 5 米×2 米),划分场地的胶带、标志桶、标志盘以及不同颜色的分队背心。

2. 做好活动期间的安全工作

(1) 做好准备活动。准备活动可以是所有的孩子一起进行或者大家分组进行。活动结束以后做好整理放松。

(2) 合理安排轮转、补水、休息时间。提倡少量多次补水,理想补水量为每 15～20 分钟饮用 200 毫升。

(3) 球门必须固定住,确保安全。

(4) 如果允许,急救包应放于比赛场边。

(5) 整个活动时间不得超过 2 小时 30 分。按照年龄段安排活动时间,每一次足球节原则上只针对一个年龄段的学生。同学们参加比赛不要超过根据年龄所建议的时间(见表 5-2-1)。

3. 练习内容安排科学合理、丰富多彩

(1) 根据球队的数量,设置技术训练站和比赛场区。

(2) 技术练习是技术训练站的重点工作。

(3) 技术训练站设置在比赛场区的两侧,数量应根据足球节可用的区域而定。

(4) 技术训练站必须由合格的足球指导员监控。

(5) 比赛可以设置或不设置守门员,球门的大小可以根据场地的大小而定。

表 5-2-1　足球节建议采用竞赛规则与场地比赛的要求

	6～8 岁	9～10 岁	11～12 岁
比赛时间	2×15/20 分钟	2×20/25 分钟	2×25/30 分钟
比赛形式	4 对 4 或 5 对 5	4 对 4 或 5 对 5、7 对 7	5 对 5 或 7 对 7、9 对 9
竞赛规则	不设裁判	不设裁判、也可设裁判	不设裁判、也可设裁判
场地大小	4 对 4 最小 12 米×20 米 最大 15 米×25 米	5 对 5 最小 20 米×30 米 最大 25 米×35 米	7 对 7 最小 30 米×45 米 最大 35 米×50 米
器材	5 人制球门(3 米×2 米) 4 号球	5 人制球门(3 米×2 米) 4 号球	7 人制球门(5 米×2 米) 4 号球

4. 技术练习有趣,比赛公平公正

(1) 确保所有的活动都要有趣味性、竞争性。

(2) 安排的技术练习应结合游戏,简单有趣。

(3) 确保所有的学生都能无约束地参与游戏和比赛,并能享受其中。

(4) 比赛不排名次,不设锦标。

(5) 赛前、赛后队员都要互相握手,并向体育指导教师致敬。

三、校园足球节的组织示例

示例一:6 队 7 人制足球比赛的组织形式

比赛和技术训练站安排在 A 场、B 场、C 场和 D 场进行。每场比赛有两支球队参加,每个技术训练站有一支球队进行技术训练(见表 5-2-2)。例如,技术训练站的练习可以是 1 对 1 或 2 对 2 的游戏,或者技术训练(如传球、射门、运球绕杆等)(见图 5-2-1)。

表 5-2-2 6 队 7 人制比赛轮次表

轮次	场地 A	场地 B	场地 C	场地 D
1	1 队对 2 队	3 队	4 队对 5 队	6 队
2	6 队对 1 队	2 队	3 队对 4 队	5 队
3	5 队对 6 队	1 队	2 队对 3 队	4 队
4	4 队对 5 队	6 队	1 队对 2 队	3 队
5	3 队对 4 队	5 队	6 队对 1 队	2 队
6	2 队对 3 队	4 队	5 队对 6 队	1 队

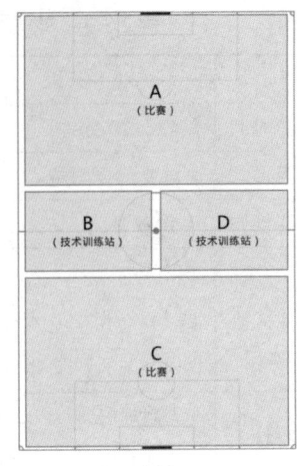

图 5-2-1 6 队 7 人制足球比赛轮换

示例二:12 队 5 人制足球比赛的组织形式

1 队、2 队、3 队、4 队、5 队和 6 队从左向右移动,7 队、8 队、9 队、10 队、11 队和 12 队从右向左移动,每个场地有两支球队进行比赛(见表 5-2-3)。技术训练站的练习可以是 1 对 1 或 2 对 2 的游戏或者技术练习,每一站安排不同的练习(见图 5-2-2)。

场地及技术训练站的组织:

场地 A:组织比赛。

场地 B:技术练习。

场地 C:组织比赛。

场地 D:技术练习。

场地 E:组织比赛。

场地 F:技术练习。

表 5-2-3 12 队 5 人制足球比赛的轮次表

轮次	场地 A	场地 B	场地 C	场地 D	场地 E	场地 F
1	1 队对 7 队	2 队对 8 队	3 队对 9 队	4 队对 10 队	5 队对 11 队	6 队对 12 队
2	6 队对 8 队	1 队对 9 队	2 队对 10 队	3 队对 11 队	4 队对 12 队	5 队对 7 队
3	5 队对 9 队	6 队对 10 队	1 队对 11 队	2 队对 12 队	3 队对 7 队	4 队对 8 队
4	4 队对 11 队	5 队对 12 队	6 队对 7 队	1 队对 8 队	2 队对 9 队	3 队对 10 队
5	3 队对 12 队	4 队对 7 队	5 队对 8 队	6 队对 9 队	1 队对 10 队	2 队对 11 队
6	2 队对 7 队	3 队对 8 队	4 队对 9 队	5 队对 10 队	6 队对 11 队	1 队对 12 队

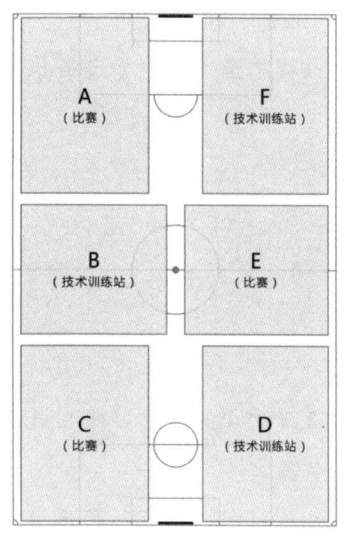
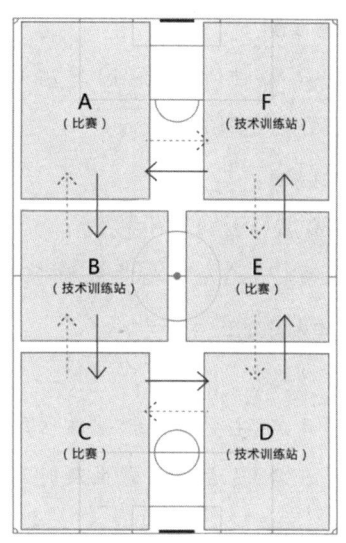

图 5-2-2　12 队 5 人制足球比赛组织轮换

活动事项要求：

（1）在各项活动结束后，队员不应一直处于同一场地，要根据规定的方向相应地移动到不同的场地。

（2）观众和家长不能进入学生们和指导教师的专用区域。观众席距球场边缘 2～3 米。

（3）球门必须有效固定，确保安全，且不能被随意移动。

（4）比赛可以采用 4 人制、5 人制、7 人制和 9 人制，灵活运用规则（可以没有越位，任意球均为直接任意球等）。

下面是一份 2017 年××学位校园足球节活动方案，供其他学校参考。

2017 年××学校校园足球节活动方案

一、活动时间

10 月 12 日下午 4:30 到下午 5:30。

二、活动地点

××师范学院附中足球场。

三、器材准备

标志背心 80 件(两色各 40 件)、足球 50 个、标志盘 40 个、标志桶 20 个、水 210 瓶、签字笔两支、急救箱若干。

四、参加人员

学生:80 名(10~11 岁学生)。

工作人员:23 名足球指导教师。

五、工作人员分工

总指挥 2 名:×××　×××。

指导员 8 名:主要讲解示范该区练习项目及保持比赛与练习顺利进行。

引导员 8 名:负责引导学生及时到达正确位置。

负责人:A 区×××,B 区×××,C 区×××,D 区×××,E 区×××,F 区×××,G 区×××,H 区×××。

医生 2 名:负责医疗安全。

后勤 3 名:负责器材管理,水的发放及标记。

六、流程安排

(1) 10 月 12 日下午 2:30 足球指导教师到场。总指挥安排分工,布置场地,讲解足球节内容安排。

(2) 下午 4 点参加活动的学生到场。总指挥整队致开幕式欢迎词,宣布足球节开幕,并简单介绍其内容及目的。

(3) 各场区引导员检查安全隐患(如检查钥匙、红领巾等存在安全隐患的物品,如有须摘除并交引导员妥善保管)。带领学生去后勤工作人员处领取饮用水和标志服,然后引导学生到正确的场区讲解准备。

(4) 总指挥发出开始足球节各项内容的指令。

七、活动内容详细安排

(一)场地安排

8 个区中的 A 区、B 区、C 区、E 区、F 区、G 区的场地大小为 20 米×30 米,D 区、H 区的场地大小为 10 米×15 米。各区由标志物划分,每个区有两组学生,每组 5 人参加练习或比赛,由标志服区分队别。

每次练习或比赛结束后由引导员引导学生按要求到下一区准备。

时间要求:游戏开始前准备5~10分钟,准备活动5分钟,每个项目5分钟,结束集合总结5~10分钟。

(二) 活动内容

(1) A区:5对5比赛,设两个球门,不设守门员。

(2) B区:传球练习10米距离分两组短传练习。

(3) C区:5对5比赛,设四个球门进行小场比赛。

(4) D区:趣味射门。降低难度,提高快乐性,射门得分的学生都设计一个新颖的庆祝动作,其他人给以热烈的掌声,指导教师应给以击掌鼓励。

(5) E区:5对5比赛,不设守门员。

(6) F区:带球接力比赛。10米距离,设置标志桶,带球绕桶来回接力。

(7) G区:5对5比赛。在场地里设置两个球门,前后都可以进球。

(8) H区:射门游戏。第一名学生充当守门员,第二名队员去射门,然后依次循环。

注:如人员数量发生变化或器材数量不够的情况出现,用如下措施补救:

1. 标志服不够的话,只在比赛的场地上准备30件,用完后留在场地上。

2. 不论人数多少,要尽量安排在参加活动的组里;如果人数实在安排不下的,就在场区另外安排一个休息区,让多出来的人加入序列成为第17支参加足球节的队伍,每一个轮转到这个区域的组在此休息、补水。

八、集合总结及闭幕

附一

裁判员守则

一、拥护中国共产党,热爱祖国,热爱体育事业,热爱体育竞赛裁判工作。

二、积极参加裁判员培训,精通本项目竞赛规则,熟悉掌握裁判法,不断提高业余水平。

三、严格履行裁判员职责,做到严肃、认真、公正、准确。

四、树立良好的职业道德,不徇私情,坚持原则,敢于同不正之风作斗争。

五、严格遵守赛区纪律和各项规定,树立和维护裁判队伍的威望。

六、要树立服务意识,尊重运动队,尊重观众,为运动员超水平发挥提供规则许可的便利和服务。

七、裁判员之间要相互学习,相互尊重,相互支持,团结协作,不搞派别活动。

八、服从领导,服从分配。执行工作时,要精神饱满,服装整洁,仪表大方。

附二

教练员守则

一、模范遵守国家的法律、法规,遵守职业道德,维护社会公德,执行各项规章制度,热爱、忠诚体育事业,具有良好的敬业与奉献精神。

二、树立终身学习观念,积极参加政治学习,努力提高个人修养。

三、从难从严,从实战出发,进行科学训练,努力完成训练计划。

四、做好赛前准备和临场指挥,赛后认真总结。

五、严格管理教育,加强思想政治工作,关心运动员的全面发展。

六、发扬民主,爱护运动员,不准打骂和侮辱运动员的人格。

七、以事业为重,处理好工作、学习和家务的关系。

八、坚持真理,发扬正气,在训练、学习、生活等方面做运动员的表率。

九、教练员之间互相学习,互相支持,团结协作。

十、勇于改革,大胆探索,积极承担上级交给的训练、科研任务。

附三

运动员守则

一、拥护中国共产党,热爱祖国,热爱体育事业,把国家利益摆在其他一切利益之上。

二、注重政治、文化学习,不断提高自身综合素质,为振兴中华作贡献。

三、明礼诚信,讲究公德,勤俭自强,做有理想、有道德、有文化、守纪律的公民。

四、尊重领导,尊重裁判,尊重队友,尊重观众,为运动队的和谐建设作出贡献。

五、遵纪守法,遵守校规校纪,敢于与不良倾向作斗争。

六、认真对待每一场比赛,奋力进取,顽强拼搏,反映出当代中学生运动员的精神面貌。

七、团结友善,关心集体,严于律己,有强烈的团队精神和集体荣誉感。

八、敢打善拼,尊重对手,赛出风格,赛出水平,胜不骄、败不馁,充分展现新时期运动员的精神风貌。